岩波現代文庫／学術 328

シュタイナー哲学入門

もう一つの近代思想史

高橋 巖

岩波書店

目　次

I　神秘学と哲学

神秘学と哲学

二十世紀ドイツの最大の思想家、と私が考えているルドルフ・シュタイナーの哲学とその精神史的背景とについて、これからお話ししようと思うのですが、この問題を取りあげる場合には、一般のアカデミックな哲学上のさまざまな方向を考える場合と、かなり叙述のしかたが違ってまいります。

そこで最初に、どういう点が違うのかということに触れておいて、それから本質的な問題に入っていきたいと思います。

ルドルフ・シュタイナーは哲学者であると同時に、もう一つ、偉大な神秘学者でもありました。ですから一人の人間の思想が一方で哲学、他方で神秘学というたがいに相違した体系をばらばらにもっているとすれば、それは思想における一種の分裂症になってしまいます。なんらかの意味でこの二つが結びついて、たがいに協力し合いながら、新しい方向を見出せるようであれば、神秘学と哲学を統合したシュタイナーの思想の意味が明らかになると思います。この点はカントの哲学の場合とはずいぶん違います。これまで神秘学者で、かつカント主義者であったような人がかなりいましたけれども、そういう人の場合には、自分の内部に霊的、神秘的な体験をもっていながら、それを自分の内部の問題として秘めておき、そして外に向かっては、カントのような、批判の余地のない、理論的に整合された立場に立つのです。そうすることによって、自分の繊細で傷つきやすい魂を守ろうとしているかのようにです。

そういう場合には、一方におけるカント主義と、他方における内的体験とがけっして先ほどいいましたようなしかたでは統合されないで、いわば思想の分裂症的なあり方を示すのです。

私はそういう立場が間違っているとは思っていません。むしろそういうしかたで、内的な感情のあり方と、外的な社会的態度とを区別することは、必要なことかもしれない、と思っています。しかし、シュタイナーの場合はそうではなく、神秘学的な内的体験と理論理性とを統合しようとする、じつに強い意志がはたらいており、それによって独自の思想体系が生み出されているのです。

神秘学・哲学の定義

それでは、哲学と神秘学とを対比させて考えるとき、どこに本質的な相違点が見出せるのでしょうか。このことをまず明らかにしなければならないわけですけれども、非常に大雑把ないい方をすれば、次のように考えることができます。

まず神秘学とはなにかについてですが、イェーナ大学の哲学教授だったハンス・ライゼガングの『神秘学』という本によりますと、「神秘学とは秘儀に参入した者によってのみ理解されうる、そして一般に公開されてはならぬものとされている内容を扱う教義であって、たとえばユダヤのカバラ、ギリシアの秘儀、グノーシスの教義、今日におけるフリーメイソン、神智学《しんちがく》、人智学《じんちがく》の立場がこれにあたる」、と書いてあります。それからロベール・パヴァーヌによるフランス語で書かれた『オカルティズム』の説明を見ますと、もう少し立ち入って書いてありまして、「いっさいの事柄がただ一つの全体に属しており、それらが相互に時間的でも空間的でもない関連、目的論的な関連をもっているような立場が基礎になっているいっさいの教義」、と定義されています。つまり、自分の内部の世界と外部の自然界とが一つの統一された全体に属していて、その全体は時間的空間的な関連では説明できないような目的論的な関連の下に立っている、という観点が基礎にあれば、それはすべて神秘学であるという、かなり広い定義のしかたをしています。それからブロックハウスの百科辞典を見ますと、単純明快に「近代科学体系に含まれていない、自然的精神的諸事実が存在するという教義をいう」、と書いてあります。つまり自然界においても精神界においても、近代科学が対象化できない重要な事実が存在する、という立場が神秘学の立場だというのですが、さらに続けて、「感覚的知覚の及ばない認識能力、テレパシー、見霊能力に関わる教義。ただしこれを近代科学の方向で扱う場合、それをパラサイコロジーという」、という但し書きをつけています。

以上は一般にいわれている神秘学の定義ですが、私たちがこれから考察しようとする神秘学の場合には、非常にはっきりした一つの問題意識が前提になっているのです。それは、世界並びに人間の問題をその存在の根底までつき進んで把握しようとする要求がある場合には、認識の限界はどこにも存在しない、という立場なのです。認識のどこかにこれ以上先へ進めないという限界が設けられる場合、その立場をオカルティズムあるいは神秘学とはいわないのです。ただ、当の人間の意識のあり方に応じて、到達できる地点が遠かったり近かったりするかもしれませんが、しかし理論上可能性としては限界を設けない、という立場なのです。そしてそのような無限の可能性のなかで、神秘学は、ドイツ語でいう imaginativ《イマギナティフ》, inspirativ《インスピラティフ》, intuitiv《イントゥイティフ》 という三つの認識の方向を考えるのです。ですから取りあえず、ここではそういうイマギナティフ（霊視的）、インスピラティフ（霊聴的）、イントゥイティフ（霊的合一的）な認識手段によって、存在の根底にまで深く関わっていこうとする立場を神秘学と、一応名づけておこうと思います。なお、霊視、霊聴、霊的合一については、第七章でくわしく取りあげるつもりです。

それでは、それに対して哲学を同じように簡単に定義づけようとすれば、どういうことになるでしょうか。ここでは同じように単純化して、宇宙あるいは世界と人間とに本質的に深く関わろうとする態度においては神秘学と共通しているけれども、その際その認識の営為を概念化し論理化することによっておこなおうとする立場を哲学という、と一応定義しておきます。

エクソテリックとエソテリック

そういう定義づけをすることで、なにをいいたいのかといいますと、神秘学の方はどこまでも体験を深めようとする姿勢を貫こうとしますし、哲学の方はその時々に獲得された認識内容を概念的論理的にとらえ直して、一般に通用しうるようなかたちで表現するのです。ですから哲学と神秘学は、いわば同一の事柄の二つの側面を表す二つの言葉である、といえると思います。

この観点からいうと、宇宙あるいは世界の問題と人間の問題、外部の問題と内部の問題とに関わる関わり方において、哲学は顕教的(エクソテリック)な側面を表すのに対して、神秘学は秘教的（エソテリック）な側面を表している、といい換えてもいいと思います。哲学はいわば、神秘学における対社会的な側面であり、一方、神秘学は哲学と共有する認識内容の内的な側面である、といったら、いいすぎでしょうか。

ところで、先に引用したことに関連して、一般の感覚的知覚の対象にならないような世界、超感覚的知覚の世界、あるいは時間的空間的な関連から自由な目的論的世界は神秘学に固有のものなのか、といいますと、これは古来の哲学を調べれば明らかなように、哲学の本来の対象領域にも属しています。むしろ空間的、時間的な関連を超えた目的論的世界が含まれている哲学の方が一般的であって、そういうものを排除する哲学は、むしろ例外的だったのです。

以上の点をふまえて、話を先へ進めていきたいのですが、神秘学と哲学との関係についていては、これからも始終問題になってきます。そして問題が本質に触れてくればくるほど、この二つの方向がたがいに非常な緊張関係を孕《はら》んで、ある場合には対立し合い、ある場合にはそれが一つのまったく同じ立場に収斂《しゅうれん》するようにもなります。

そこで最初に、詩人ヘルダーリンに宛《あ》てて書かれた「エレウシス」という詩を取りあげてみようと思います。作者は、これからいろいろな意味で問題にしようとする哲学者のヘーゲルです。

「エレウシス」

若きヘーゲルが「エレウシス」という詩を書いたことは案外知られていません。一九七〇年、ヘーゲル生誕二百年の記念のときに、たまたま私はヘーゲルが生まれたシュトゥットガルトに住んでおりましたが、シュトゥットガルトでは自分の故郷が生んだ偉大な哲学者の二百年祭ということで、かなり大規模な国際ヘーゲル学会によるシンポジウムがひらかれ、そして資料展示会その他いろいろな行事がありました。その折に新聞もいっせいにヘーゲルのことを取りあげましたが、そのなかで新チューリヒ新聞がこの詩を大きく紙面に載せていました。新聞記事になるくらいの詩ですから、ドイツでもほとんど知られていなかったのです。

出典はどこかといいますと、一八四四年に出ましたカール・ローゼンクランツというヘーゲルの弟子の書いた『ヘーゲル伝』のなかにはじめて紹介されています。ヘーゲルは一七七〇年に生まれ、一八三一年に没しました。

私はこの詩のことをこのヘーゲル二百年祭のときに知ったのではなく、たまたまその前からこの詩のことに興味をもっていたのです。なぜかというと、これからお話しするルドルフ・シュタイナーがこの詩を非常に愛していまして、近代におけるドイツ哲学の根源的な衝動、いわば霊的衝動がまさにこの詩のなかにいちばん明確に描き出されている、と語っていたからです。それで私もこれからの問題をこの詩から始めてみようと思うのです。

ではその全文を以下に訳出してみます。

エレウシス――ヘルダーリンへ

静けさが私をとりまく。静けさが私の心を満たす。
仕事にいそしむ人びとの果てしない心労が眠る。
今、私は自由だ。
おお、夜よ。おお、日常からの解放者よ。
月が昇り、霧が遥《はる》かな山なみの
定かならぬ輪郭を白いヴェールで覆う。
湖水が仄明《ほのあか》るく、筋目を作り、
やさしい光をなげかけてくる。
昼間の騒音が遠のき、まるでその生活が

昔のことのように思えてくる。

愛する友よ。君の面影が、そして過ぎ去った日々の想《おも》い出が
近寄り、語りはじめる。
再会の希望が強まる。
待ち望んだ抱擁の場面が、
たずね合い、ひそかに窺《うかが》い合う私たちの姿が、心をよぎる。
君のいないこの土地では、人との関係が、
友情が、すっかり違ったものになってしまった。
信頼の喜びも、友情の多年のきずなを
より強めてくれる誠実さも、
どんな誓いもいらない古い盟約の結びつきも失われた。
私たちは自由に真実に生き、
心の安らぎを規約でしばろうとは思わなかった。
しかし今、すべてが怠惰な現実と妥協している。
そして醜い現実の軋轢《あつれき》に思わず溜息《ためいき》をもらし

夢の甘美な幻想に逃げ場を求める。

おお、夜よ、輝く星空よ、私は
あなたの永遠の穹窿《きゅうりゅう》を凝視する。
あなたの永遠が、すべての願い、すべての望みを忘れさせる。
現実感覚が、ひたすら観《み》る行為の中で消える。
私は計り難い世界へ赴く。
私はその中に在って、すべてだ。すべてでしかありえない。
しかし、ふとわれに返ると、その無限が私をおびえさせる。
この直観の深い意味は、
現実感覚をもってはとらえられない。
想像力だけが、この感覚を永遠なるものに近づけ、
永遠が姿をとって現れうるようにする。――
現れたのか、崇高な霊たちよ。偉大な影よ、よく来てくれた。
何という輝きが、あなた方の額から発していることか。
嚇《おど》かさないでくれ。あなた方が発する

この輝き、このきびしさ、それは、私にはまるで
故郷の思い出のように感じられるのだ。

おお、大地の女神、デメーテルよ。
エレウシスの秘儀の主宰神よ。
あなたの聖域の門を
今、ひらいてくれ。

あなたの近くにあって、私は熱狂しつつ、
畏怖《いふ》の思いにわななきたい。
あなたの啓示を受けたい。
象徴の崇高な意味を理解し、
神々の集会の讃歌《さんか》が、
神々の摂理の聖言が聞きたいのだ。

それなのに、聖なる女神よ、

あなたの聖堂は、沈黙している。
神々はオリュンポスの山上に逃れ、
神聖を冒された祭壇に、もはや
降臨しようとはしない。
かつては人類の上に、魔法の翼をひろげた
やさしい精霊たちも、堕落した人類の廃墟《はいきょ》から逃れ去った。
あなたの祭司たちも、黙したままだ。
聖なる秘儀参入の儀式の響きも、もはや
われわれの耳には達しない。
研究者の好奇心は愛をもたずに、叡智《えいち》を
むなしく求め、
そしてあなたを軽んじる。
叡智を手に入れようとして、言葉だけを掘り起こす。
あなたの崇高な思想が彫り刻まれている言葉を。
しかしなんの成果も得られはしない。
ただほこりと灰燼《かいじん》を手に入れるだけだ。

あなたの生命《いのち》はその中へ帰ってはこない。
それなのに、魂の死んだ研究者たちは、
腐敗と死の中で、不満を感じていない。
あわれなものだ。あなたの祝宴の、
あなたの面影の痕跡《こんせき》さえも見出せないというのに。

秘儀への参入を許されたあなたの息子にとって、
無味乾燥な記号を秘儀内容に価すると認めることはできない。
崇高な叡智の教えも、言い表し難い感情の深みも、
そのような記号と比較するにはあまりにも神聖すぎる。
時間と空間の外に立ち、無限への予感の中に沈潜しつつ、
われを忘れ、そして再び、まったき意識の中に目覚める
この魂の本質を、
もはや思考はとらえられなくなっている。
他の者に、魂について語ろうとすれば
天使の舌が必要になる。しかしそうしようと思っても、

ただ言葉の貧困を感じるだけだ。
神聖な事柄を卑小な言葉で語り、
そうすることで卑小なものにしてしまうことに
おそれおののく。語ることが罪を犯すことになる。
だから私は、おそれて口を閉ざす。
かつて聖なる秘儀への参入を許されたものがみずからに禁じたことを
貧しい魂もまたみずからに禁じる。
私は聖なる夜に、見、聞き、感じたことを
けっして口にしようとはしないだろう。
自分の無作法な冗舌が、優れた者の畏敬の念を乱さぬように、
神聖冒瀆《ぼうとく》をあえてして神々の聖なる怒りをよび起こさぬように、
そしてオボルス銀貨とひきかえに
聖なる事柄をソフィストの遊び道具や商売道具に
売りつけたりしないように、努めよう。そうでなければ
言葉は、弁舌たくみな山師の衣裳《いしょう》となり、
快活な少年への鞭《むち》となり

最後には内容空虚なものとなって
無縁な人の舌で語られるだけで終わるだろう。
女神よ、あなたの欲深い息子たちが、路地や市場では、
あなたの名誉を平気でふみにじっているのを御存知ですか。
胸中の奥深くで、そっと大切に守るべきなのに。
だから彼らの口先きであなたの生命が
消費されてはならないのです。
生命がけで、あなたを敬うべきなのです。
行為の中で、あなたをたたえるべきなのです。
聖なる女神よ、
今夜も私は、あなたを感じることができました。
子どもたちの生活がしばしばあなたを教えてくれます。
しばしば子どもたちの行為の中に、
子どもたちの魂として、あなたを予感します。
あなたは崇高なる意味であり、
変わることなき信仰です。

すべてが破滅されようとも、
あなたへの信仰がゆらぐことはありません。

ヘーゲル　一七九六年
(Karl Rosenkranz: G. w. F. Hegels Leben, 1844 より)

ギリシア精神の再生

「静けさが私をとりまく。静けさが私の心を満たす。仕事にいそしむ人びとの果てしない心労が眠る。今、私は自由だ。」――内面における自由の感情はヘーゲルにかぎらないのですが、すでに一七五〇年代から、ドイツ、オーストリア、スイスを中心にした、いわゆる中部ヨーロッパに、この感情が新しい時代精神となってはっきりはたらきはじめるのです。そのことを哲学史のみならず、文学史も音楽史も美術史も、いろいろなかたちで論じています。たとえばディルタイの『体験と文学』やカッシーラーの『啓蒙《けいもう》主義の哲学』をお読みになりますと、十八世紀後半の精神的風土が、それ以前の時代とも、それ以後の時代とも違った、一つの自由な霊的衝動に衝《つ》き動かされて、なにか独特な雰囲気をかもし出しているのを感じとることができます。そしてその新しい時代精神の出発点にヴィンケルマン(一七一七―六八年)という古典主義者が立っており、それに続いてヘルダー(一七四四—一八〇三年)、ゲーテ(一七四九—一八三二年)、シラー(一七五九—一八〇五年)、カント(一七二四—一八〇四年)、フィヒテ(一七六二—一八一四年)、ヘーゲル、シェリング(一七七五—一八五四年)といった人たちが現れてくるのです。そしてほとんどときを同じくして、ベートーヴェン(一七七〇—一八二七年)、ノヴァーリス(一七七二—一八〇一年)、C・D・フリードリヒ(一七七四—一八四〇年)のような代表的なロマン派の詩人や音楽家、画家がそれに続いて現れてきます。そこで今私たちが、当時のドイツとはまったく異なる生活環境のなかで、十八世紀の後半から十九世紀初頭にかけての中部ヨーロッパのこの思想的な雰囲気をあらためてふり返ってみますと、そこに一種の非常に興味がある、思想上の先祖返りを見出すことができるのです。

どういう先祖返りかといいますと、古代ギリシアの秘儀、この詩のテーマである「エレウシスの秘儀」(この秘儀については、エルンスト・ベルトラムの名著『ニーチェ』(邦訳筑摩叢書)にくわしく述べられています。)の中に生きていた霊的な力と物質的な力との灼《しゃく》熱《ねつ》した統一的ないとなみに対する、まったく新しい関心がこの時代に現れてきたのです。そういうことをふまえて、たとえばワルター・レームのような学者は、十八世紀後半から十九世紀初頭にかけてのドイツの古典主義的な動きは、イタリア・ルネサンスの古典文芸復興運動とまったくニュアンスを異にした、ギリシア精神の復興運動だといっています。イタリア・ルネサンスはローマ精神の復興運動だというのです。古代ローマ人を自分たちの祖先と考え、その古代ローマ文化を再生しようとする動きのなかに、十五世紀末から十六世紀初頭にかけてのイタリア文芸復興の本質があるとすれば、ちょうどそれから三百年経《た》った十八世紀後半から十九世紀の初頭にかけての中部ヨーロッパにおける古典主義は、ローマ精神ではなく、霊的衝動に基づいたギリシア精神の再生だというのです。そしてそういう激しい霊的衝動に衝き動かされた文化のなかに、同時に啓蒙主義的な合理主義が立ち現れてくるのです。一方に古代秘儀の伝統を受けつぐような激しい霊的な衝動、同時にそれと並行して、すべてを合理的な関連から、つまり因果論的な関連から整理し分類していこうとする啓蒙思想以来の近代合理主義が起こってきます。そのような状況のなかで、生来、霊的な衝動を強くもって生まれた人たちが、しだいに学問生活の内部で、自由な感情に由来する一種の孤立感と疎外感をもつようになってきます。

ヘーゲルの呼びかけ

ゲーテの『ファウスト』第一部の「書斎の場」でのファウストの姿は、それをきわめて生きいきと表現しています。ファウストは日常の喧騒《けんそう》が去ったあと、夜、自分の書斎に籠《こも》って、静かに内省的なときをもちます。そうすると、自分の合理的な思想が及ばない、もっと深い心の奥底から、まったく別な気分が湧《わ》き起こってくるのです。それと同じ雰囲気のなかで、ヘルダーリンに宛《あ》ててヘーゲルのこの詩も書かれたのだ、と考えていただきたいのです。

おお、夜よ。おお、日常からの解放者よ。月が昇り、霧が遥《はる》かな山なみの定かならぬ輪郭を白いヴェールで覆う。湖水が仄明《ほのあか》るく、筋目を作り、やさしい光をなげかけてくる。昼間の騒音が遠のき、まるでその生活が昔のことのように思えてくる。

こういうかたちで若きヘーゲルは夜、自分の内面と向き合いました。そして彼は、昔親しかったヘルダーリンを思い出すのです。ちょうどこの時代は感情の優しさを中心にした抒情《じょじょう》文学の全盛期で、『若きヴェルテルの悩み』にあるように、自分の感情を直接表現することが流行《はや》ったのです。そのような意味で、ヘルダーリンに対する思いが切々と訴えられたのです。

愛する友よ。君の面影が、そして過ぎ去った日々の想《おも》い出が近寄り、語りはじめる。再会の希望が強まる。待ち望んだ抱擁の場面が、たずね合い、ひそかに窺《うかが》い合う私たちの姿が、心をよぎる。君のいないこの土地では、人との関係が、友情が、すっかり違ったものになってしまった。信頼の喜びも、友情の多年のきずなをより強めてくれる誠実さも、どんな誓いもいらない古い盟約の結びつきも失われた。私たちは自由に真実に生き、心の安らぎを規約でしばろうとは思わなかった。しかし今、すべてが怠惰な現実と妥協している。そして醜い現実の軋轢《あつれき》に思わず溜息《ためいき》をもらし夢の甘美な幻想に逃げ場を求める。

こういう詩句を通して、ヘーゲルはヘルダーリンに宛てて自分の気持を書いたのです。以上がヘルダーリンへの直接の呼びかけで、次は自分の内的な気分の表現になっています。

現実感覚と無限なる世界

おお、夜よ、輝く星空よ、私はあなたの永遠の穹窿《きゅうりゅう》を凝視する。あなたの永遠が、すべての願い、すべての望みを忘れさせる。現実感覚が、ひたすら観《み》る行為の中で消える。

この願い、望みとは友達に会いたいとか、こういうことをしたいとかという思いです。それを忘れさせてしまうというのです。そして、永遠を凝視しようとする、ひたすら観る行為のなかで、そのような地上の現実とのかかわりが消えてしまうのです。

私は計り難い世界へ赴く。私はその中に在って、すべてだ。すべてでしかありえない。しかし、ふとわれに返ると、その無限が私をおびえさせる。この直観の深い意味は、現実感覚をもってはとらえられない。

これは誰でも経験するような、ある情緒、たとえば憧《あこが》れとか予感とか思い出とかという情緒を自分の内部に生きいきと蘇《よみがえ》らせようとすれば、それはかならずしもうまくいかなくて、消えてしまったり、日常の自分がそこに入れ替ったりしてしまうという感じです。しかし、想像力がこの感覚を永遠なるものに近づけ、力ずくででも、この二つ(つまり現実感覚と無限なる世界と)を結び合わせようとします。自分のなかの太古の思い出と現在の悲しみとがばらばらになってしまっているのですが、想像力を駆使して、その二つを一つにしようとするのです。そして一つの時間が経過します。

現れたのか、崇高な霊たちよ。偉大な影よ、よく来てくれた。何という輝きが、あなた方の額から発していることか。嚇《おど》かさないでくれ。あなた方が発するこの輝き、このきびしさ、それは、私にはまるで故郷の思い出のように感じられるのだ。

ここでいう崇高な霊たち、これは明らかにエレウシスの秘儀に現れてくる神々のことです。デメーテル、ペルセポネーを中心にした古代秘儀の神々、エソテリックな神々です。その神々はかつては豊穣《ほうじょう》の神、生産の神でもありましたが、それは同時に、自分の内なるファンタジー（想像力）の生産的な力なのです。天上の神ではなく、大地の神に属するいわゆるディオニュソス的な秘儀の神々です。その神々にヘーゲルは呼びかけ、エレウシスの秘儀に直接思いを馳せています。

おお、大地の女神、デメーテルよ。エレウシスの秘儀の主宰神よ。あなたの聖域の門を今、ひらいてくれ。あなたの近くにあって、私は熱狂しつつ、畏怖《いふ》の思いにわななきたい。あなたの啓示を受けたい。象徴の崇高な意味を理解し、神々の集会の讃歌《さんか》が、神々の摂理の聖言が聞きたいのだ。それなのに、聖なる女神よ、あなたの聖堂は、沈黙している。神々はオリュンポスの山上に逃れ、神聖を冒された祭壇に、もはや降臨しようとはしない。

神聖を冒された祭壇というのは、自分自身の心の祭壇でもあるわけです。ですから前のところでは、そういう主宰神が自分の心に聖なる畏怖の感情をよび起こしてくれて、エレウシスの秘儀の啓示が自分にも与えられ、そして自分にもエレウシスの秘儀の象徴の崇高な意味が理解でき、その結果、思わず神々への讃歌を自分が唱え、神々の摂理の言葉に耳を傾けることができたらどんなにいいだろうか、という希望が語られているのです。しかし現実はそうではない。つまり現実感覚と無限なる世界とを想像力で無理矢理にでも結び合わせてみようとしたけれども、その結果、神々はオリュンポスの山に行ってしまったし、神聖を冒された自分の心の祭壇には、神々は君臨してくれようとはしない、というのです。

秘儀への参入

かつては人類の上に、魔法の翼をひろげたやさしい精霊たちも、堕落した人類の廃墟《はいきょ》から逃れ去った。あなたの祭司たちも、黙したままだ。聖なる秘儀参入の儀式の響きも、もはやわれわれの耳には達しない。研究者の好奇心は愛をもたずに、叡智《えいち》をむなしく求め、そしてあなたを軽んじる。

研究者というのはヘーゲルのことであり哲学者のことです。そして叡智への愛とは哲学のことです。哲学は語源的には叡智＝ソフィアへの愛、フィロ・ソフィアのことですが、その叡智への愛を求めても結果はむなしいのです。哲学体系の教える真理に参入しようとしても、むなしいというのです。抽象的な哲学体系を構築したヨーロッパ最大の哲学者のひとりであるヘーゲルが、そのような抽象概念、哲学用語について、深刻な反省をおこなっているのは、驚くべきことです。そのことは、次の一節のなかにはっきりと歌われています。

叡智を手に入れようとして、言葉だけを掘り起こす。あなたの崇高な思想が彫り刻まれている言葉を。しかしなんの成果も得られはしない。ただほこりと灰燼《かいじん》を手に入れるだけだ。あなたの生命《いのち》はその中へ帰ってはこない。それなのに、魂の死んだ研究者たちは、腐敗と死の中で、不満を感じていない。あわれなものだ。あなたの祝宴の、あなたの面影の痕跡《こんせき》さえも見出せないというのに。秘儀への参入を許されたあなたの息子にとって、無味乾燥な記号を秘儀内容に価すると認めることはできない。崇高な叡智の教えも、言い表し難い感情の深みも、そのような記号と比較するにはあまりにも神聖すぎる。時間と空間の外に立ち、無限への予感の中に沈潜しつつ、われを忘れ、そして再び、まったき意識の中に目覚めるこの魂の本質を、もはや思考はとらえられなくなっている。

大地母神であるデメーテルの生産的な生命力は、もはや哲学用語で語られる、どんな抽象的思弁のなかにも、戻ってきてくれない、とのちの抽象的思弁の大家ヘーゲルが嘆いているのです。

無限なる予感のなかに沈潜して我を忘れ、そしてまたふたたび我に返るというプロセスは、「死して成れ」という言葉で表現されるような秘儀のプロセスと同じ事柄を単純にいい換えているのです。予感のなかに我を忘れて没入し、そしてふたたびまったき意識のなかに目覚めてくるような魂を、ヘーゲル自身もそうであろうとしている魂を、もはや哲学の概念は本当にとらえることができなくなってしまっているというのです。もし自分たちが他の者に、魂について語ろうとするなら、天使の舌で語らざるをえないのです。天使の舌が自分になければ、とても語れないのに、そうしようと思っても、ただ言葉の貧困をひたすら感じてしまうだけなのです。そうして無理にでも言葉で語ろうとする者は、神聖な事柄を卑小な言葉で語ってしまい、そうすることで神聖な事柄を卑小なものにしてしまったことに気がついて、おそれおののきます。語ることは罪を犯すことになってしまうのです。だから心を震撼《しんかん》させられ、口を閉ざしてしまいます。かつて聖なる秘儀への参入を受けたものが自分に禁じたこと、つまりけっして聖なる体験を語らないということを、貧しい魂も自分に禁じるのです。そして聖なる夜に、見、聞き、感じたことを、けっして口にしようとはしなくなります。自分の無作法な冗舌が、より優れた者の畏敬《いけい》の念を乱さないように、神聖冒瀆をあえてして、神々の聖なる怒りをよび起こさないように、そして胆に銘じて、オボルス銀貨、つまりギリシアの銀貨とひきかえに、聖なる事柄をソフィストの遊び道具や商売道具に売りつけたりしないようにしようとします。もしそうしてしまったら、それは弁舌たくみな山師の衣装となり、時には快活な少年に対する鞭となり、最後には内容空虚なものとなって、縁のない人間の舌で語られるだけで終わってしまうだろう、というのです。

女神よ、あなたの欲深い息子たちが、路地や市場では、あなたの名誉を平気でふみにじっているのを御存知ですか。胸中の奥深くで、そっと大切に守るべきなのに。だから彼らの口先きであなたの生命が消費されてはならないのです。生命がけで、あなたを敬うべきなのです。行為の中で、あなたをたたえるべきなのです。

聖なる女神よ、今夜も私は、あなたを感じることができました。子どもたちの生活がしばしばあなたを教えてくれます。しばしば子どもたちの行為の中に、子どもたちの魂として、あなたを予感します。あなたは崇高なる意味であり、変わることなき信仰です。すべてが破滅されようとも、あなたへの信仰がゆらぐことはありません。

日本の観念論哲学の研究

これは一七九六年、つまり二十六歳のときのヘーゲルの自己告白だったのです。ヘーゲルとシェリングとフィヒテの三人は、日本でも西田哲学以来、あるいはすでに明治の頃からさまざまに取りあげられてきました。偉大なヘーゲル学者、シェリング学者、フィヒテ学者と呼べるような人たちは日本にもいました。たとえば木村素衛《もともり》という人は戦前、京都で活躍された哲学者ですが、一生ひたすらフィヒテの研究に没頭し、同じく京都学派の西谷啓治氏もシェリングを研究して、ともに大きな業績をあげられました。ヘーゲル学者になると、右派も左派もひっくるめて、日本には大勢います。ですから日本語でこの三人の哲学者を研究しようと思えば、かなり研究する資料はそろっています。しかしそういう学者たちにも、あまり強く意識されていないのは、この三人の思想家が、今ここで取りあげたヘーゲルの基本的な気分である神秘学的衝動に衝き動かされていたことではないかと思います。この三人は神秘学と哲学を融合しようと努力した、もっとも優れた哲学者たちだったのです。

ですからフィヒテの哲学を知ろうとしますと、神秘学の立場とまったく同じ霊的衝動が、いろいろな箇所で繰り返して現れてくるのがわかります。フィヒテにはいくつかの講演録があって、難解で有名な彼の文章としては、比較的わかりやすい言葉で自分の思想を述べています。

たとえば『ドイツ国民に告ぐ』とか『現代という時代の基本的な性格について』とかのエッセイのなかで、フィヒテがなにをいいたかったのかというと、それはただ一つのことなのです。つまり人類が進歩発展するプロセスのなかに、霊的な力がはっきりと顕現しているので、哲学者はそのような人間一人ひとりの内なる魂の進歩発展の原動力の奥深くにまで認識の眼を向け、魂の根源を認識の光で照らし出さなければならない、それが哲学者のもっとも大事な課題なのだ、といいたいのです。ですからそのことを端的に、「ある人間がどのような世界観をもっているかは、その人物がいかなる人間であるかによる」、という有名な言葉でフィヒテは語っています。

近世哲学の転換点

そこで神秘学と哲学との関係をさらに明確にするために、今いいましたことを少し別な観点から考えてみたいと思います。つまり、この魂の根源の問題をめぐって、近世哲学史のなかで、どこに大きな転換点、決定的な変化の地点があったか、ということなのです。いろいろな角度からこの問題は考えられますが、これまでとの関連でいえば、二つあるのです。一つはデカルトの合理主義、もう一つはフィヒテの自我論です。

デカルトの場合もフィヒテの場合も、あるいは一般に近代哲学において、もっとも根本的な特徴の一つは、人間の魂の内部に生きた実体が存在しているという確信なのです。自分の魂のなかに一つの生きた、しかも自由なる実体が潜んでいる。それをある人は「主観」といい、別の人は「自我」と名づけています。いずれにせよ、そういう実体があるのですが、その実体のなかに深く認識の眼を向けますと、その結果、自分自身の存在の本質を理解できるだけではなく、外なる大自然のなかにも生き、かつはたらいている本質的な部分をも認識できる、というのです。それが近世哲学の基本的な要請なのだといえます。まず自分自身の内側を深く探ってみます。そしてそこに、なんらかの手ごたえのある実体に出会い、その実体のなかに深く認識の眼を向けたときに、その行為は同時に大自然のなかにあって、大自然のいとなみを創り出している基本的な力をも知ることになる、という考え方です。

たとえば太平洋のような海と、それから一滴の塩水とを比較した場合に、量からいえば、スポイトで一滴たらした塩水と太平洋の水とでは無限の隔りがあります。しかしその太平洋の水の本質を知ろうと思うとき、その一滴の海水を顕微鏡で分析するような行為によって海の本質を知ることができるように、無限に大きな拡《ひろ》がりをもつ大自然のいとなみと、一人の人間の魂のいとなみとの間にも、問題にならないくらい大きな隔りがあるにしても、一個の人間の小さな魂の奥に潜んでいる実体に触れることができれば、それは無限に拡がっている大自然の本質を認識することにもなるという考え方が、近世のなかで非常に深刻に意識されるようになったのです。

自己認識と世界認識

ルドルフ・シュタイナーはこのことを、彼の用語を使っていえば、「意識魂」の問題としてとらえています。つまり一人の人間の魂が、今いいましたような哲学的衝動に駆り立てられているとすると、それはシュタイナーによれば、魂のもっとも個的な部分である自我が、みずからの宇宙的な由来を思い出そうとする現れだというのです。それをなぜシュタイナーの用語で「意識魂」というのかというと、「自我」をこのような意味で意識できるようになった、自由な魂こそが、近世以降の新しい人類の進化段階を可能にしたと考えるからです。つまり「意識魂」とは、新しい時代の人間の内的なあり方を指示する言葉なのです。神秘学の用語のひとつの例として、この言葉を取りあげてみました。

シュタイナーによれば、時代の大きな移り変わりの中で、最初に意識魂が現れてくるのは、十三世紀、十四世紀からで、それが十五世紀になるとかなり顕著になってきます。そしてそれが時代とともに、ちょうど植物の生長のプロセスのように、メタモルフォーゼを遂げていきます。たとえば種が根をはり、芽を出し、そして茎になり、茎の節から葉を出し、また次の節からも葉を出し、その葉がしだいに自分自身の内に向かって収斂し、そして花冠《かかん》に変化するプロセスのように、意識魂もまた、中世の十三世紀の頃に芽生え、それが人類の意識の進化史のなかで根を張り、茎を伸ばし、葉を広げ、そして十八世紀後半の頃に最初の大輪の花を開かせるのです。

いわば自己認識と世界認識を同一の立場で体験しようとするこの衝動は、近世哲学史のなかで、いろいろな立場となって展開するのですが、そういう自己認識と世界認識との結びつきを考えるとき、いちばん大きな転換点の第一は先ほどいいましたデカルトであり、第二はフィヒテです。

デカルトは一五九六年、十六世紀の末に生まれ、一六五〇年、十七世紀のちょうど中葉に死んでいる、フランス・バロックの代表的な学者です。そのデカルトが、なぜ第一の転換点となったのかといいますと、デカルトは、自己認識と世界認識との関連について、その後現代にまで決定的な影響を与えるような一つの観点を打ち立てた人だからです。

デカルトの『方法叙説』

彼の『方法叙説』第四部には、有名な命題、「私は思考する。故に私は存在する」

についての見事な説明がなされています。その要旨を紹介しますと、私たちは感覚的知覚によって世界と関わるところから認識が始まる、とまず述べています。その知覚が目覚めるにつれて、いろいろな印象が外から心のなかに入ってきます。光の印象、音の印象、熱の印象、その他さまざまな印象が自分の心にはたらきかけてくるにつれて、世界が心のなかで姿を整えて現れてくるのです。そういう姿を哲学では、「表象」と呼んでいます。ドイツ語の Vorstellung です。「フォア」というのはドイツ語で「前」を意味する前置詞、シュテルングは、「置くこと」という動名詞です。

つまり表象とは、意識の前に置くことなのです。ドイツ語では日常用語なのですが、日本語にすると、なんとなく難しい言葉になってしまいます。表象というのは、私たちの意識という心の舞台に現れてくるすべてのもののことです。そして私たちが人生経験を積むにつれて、この表象が意味内容を担って内部から現れてきます。

そこでデカルトはそのような表象を前にして、一つの非常に典型的な考え方を打ち出します。いったいこの表象、この意識の前に現れてくる世界の意味内容は、世界の実相を、世界の生成発展のプロセスを、本当に表現しているのか。それが本当に物それ自体をあらわしているという保証が、いったいどこにあるのか。そういう問いを立てるのです。ところがその答えは、もちろん理論的には出てきません。理論的に表象が本質をあらわしていると保証することができないので、自分の眼の前に存在しているあらゆる事物、横に並んで坐っている誰か、あるいは鏡に映っている自分の顔、それらの表象が本当に森羅万象を、他人を、あるいは自分自身をあらわしているのか、と考えるとき、近代の意識魂の持ち主としてのデカルトにとっては、その問いは無限の懐疑を生み出す種にはなっても、そこから自分の認識の力を保証するものを引き出すことはできなくなってしまったのです。ですから無限の懐疑の海のなかで、彼はどこかに、ある確実な地点を探し出さなければならなかったのです。

近代の認識衝動

実際、新しい時代の魂、意識魂は、つねに理論的な根拠を求めようとします。認識行為を生活の基礎におかざるをえないのです。この認識要求は内的な衝動として心の奥底から湧き起こってくるのです。ある事柄の本質を知りたいという要求は、近代の魂にとっては、ちょうど自然的人間にとっての飢えと同じように、いわば本能的といっていいくらいに心の奥底から生じてくる内的な要求なのです。ですから、飢えを満たすものがなかったら、肉体が飢え死にしてしまうのと同じように、もし認識の確かさを自分に約束してくれるものがなかったら、魂の認識衝動はひからびて死んでしまわざるをえません。

ですから、デカルトのように、非常に認識衝動の強い人にとっては、なんらかの確実な地点をともかく見つけ出さないわけにはいかないのです。

そういうところから、デカルトは哲学者としてさまざまな思索を重ねます。そしてついに有名な一つの論証を見出します。そのような無限の懐疑の海に漂いながら、そのような懐疑が自分にとってなにを意味するのかをあらためて考えたとき、デカルトは自分が思考行為をおこなっているときにのみ、懐疑が生じる。懐疑は思考によってのみ可能な体験内容なのだ。自分が懐疑に陥っているということは、自分が思考していることの現れに過ぎない。したがってどんなに疑問が自分のなかに雲のように湧き起こるとしても、その無限の雲の湧き起こるなかで、私自身が思考活動をおこなっているという事実だけは、紛れもない確かさで存在している、と考えたのです。どんなに懐疑によって思考の有効性を否定しようとしても、思考活動は疑う行為そのもののなかから、繰り返して意識の内部に立ち現れてきます。したがって、自分が思考しているかぎりは、けっして単なる夢の世界のなかを漂っているのではなく、確かな現実のなかに立っているのです。思考行為そのものは夢の世界での出来事ではなく、存在の世界での出来事だ、というのです。そのようにして、有名な「私は思考する。故に私は存在する」という命題が生まれました。その場合、思考するから存在するのだ、という思考と存在の論理関係を問題にしているのではなく、思考即存在という思考と存在の同一性を問題にしているのです。

さて、カントからフッサールまでの、いわゆる合理主義の系譜に属する哲学者たちは、多かれ少なかれこのデカルトの命題から出発しています。たとえばフッサールには、『デカルト的省察』という重要な著述がありますが、フッサール自身、一九一〇年前に大きな危機に陥ったとき、その危機から脱却するのにデカルトの立場が大きな救いになったと述べています。

そしてカントの哲学をひと口でいえば、それはデカルト主義の発展ということができるのです。

ヘーゲル・シンポジウム

この前、ある人がシュタイナーの哲学を知ろうと思ったら、カントを学ぶ必要がある、といっていましたけれども、同じ論法でいえば、カントを知るためにはデカルトを学ぶ必要があるのです。ただし、同じ論法でいうと、デカルトを知るためにはトミズムを学ぶ必要があるし、トマスを知るためにはアリストテレスを学ぶ必要があり、アリストテレスを知るためにはプラトンを学ぶ必要があり、プラトンを知るためにはソクラテス以前の哲学者を学ぶ必要があり、ソクラテス以前の哲学を知るためには古代インドのヴェーダを学ぶ必要があります。そしてヴェーダの哲学を知るためには……ということになってきますと、哲学上のなにかを知るためには、古今の哲学をすべて学ばなければいけないことになります。

それと同じことを先ほどいいました一九七〇年のヘーゲル・シンポジウムでも経験しました。そのディスカッションの折に、あるアメリカの哲学者が、ヘーゲルを知ろうと思ったらフッサールを学ばなければいけない、フッサールが理解できない人はヘーゲルを理解できない、といったのです。それで私は隣の人に、それでは、ヘーゲル自身はフッサールを知らなかったのだから、自分の哲学を理解できないことになるらしい、といってしまいました。このアメリカの哲学者のいい方は、大事な発言にもなりますが、両刃《もろは》の剣のようなところもあるのです。

たとえば、ベートーヴェンを理解するためにはモーツァルトを知る必要がある、というとしたらどうでしょうか。それはベートーヴェンの芸術の本質を体験するためではなくて、ベートーヴェンの作品の構造を歴史的に考察するためにのみ意味のある発言です。

しかし、ある思想の本質に真剣に関わっていこうとしますと、たとえばニーチェを知るためにショーペンハウエルを学ばなければいけないのかといえば、ショーペンハウエルを知らなくても、ニーチェを理解することができるのは、当然すぎるくらい当然のことです。

ですから、ルドルフ・シュタイナーを知るためにカントを学ばなければいけないというようなことはまったくないのです。ただシュタイナーがどのくらい苦労して自分の哲学を確立できたのかを知るためには、カントを学び、ヘーゲルを学び、ニーチェを学び、その上でシュタイナーを学ぶことに、ある意味があると思います。このことは伝統に関わる事柄のすべてについていえることです。それは歴史的な経緯を知るためには必要なことですが、しかし個性的なものの本質を知るためには、特に必要であるとはいえません。

ラインケの「ドミナンテ」

なぜそのようなことをわざわざいうのかといいますと、シュタイナーから学んだのですが、かつてラインケ(一八四九—一九三一年)という哲学者が、歴史を考えるときに、「ドミナンテ」という概念(図1参照)を導入したことがあるのです。それは、本来は進

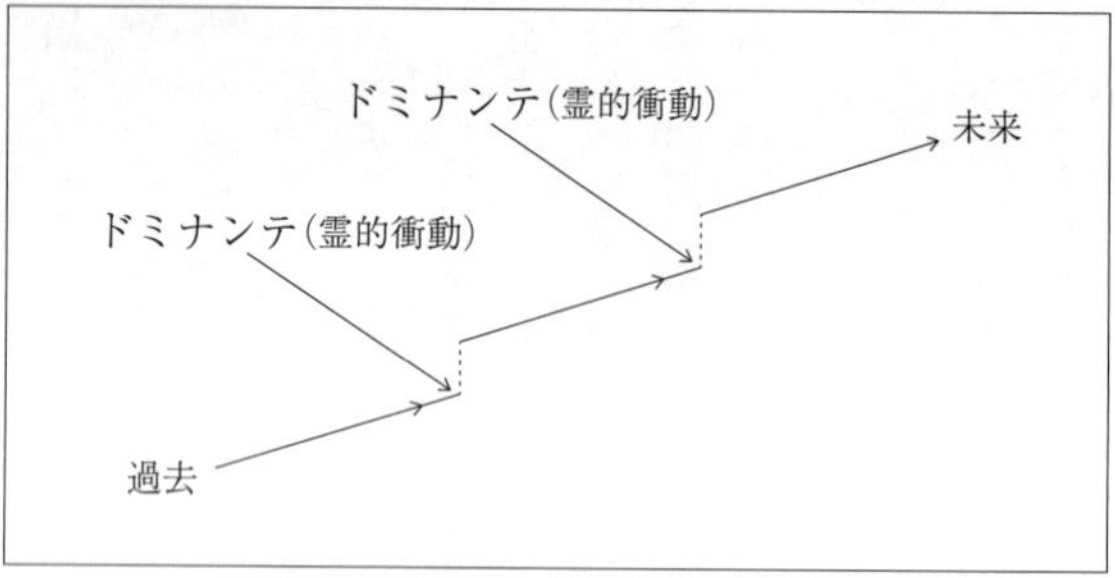

図1　ドミナンテによる進化のプロセス

化論に関していわれているのですが、進化の過程について考えるとき、未来のことを説明するのに過去に起こったことをその原因として、因果論的に説明するだけでは不十分だというのです。

因果論的な考察で原因といいますと、たとえば、なぜ昨日列車が脱線したのか、それはレールが伸び過ぎて歪《ゆが》んでしまったからだ。なぜレールが歪んだのか。それはあまりに太陽が強く照りつけて、レールを熱したからだ。なぜ太陽が照りつけると、レールが伸びるのか。なぜなら物質、特に金属は熱せられれば延長するからだ、というようなことは、すべて因果関係で説明がつくことです。

ところが、なぜシュタイナーの哲学が生まれたのか。それはニーチェがいたからだ。なぜニーチェがいたのか。それはショーペンハウエルがいたからだ。なぜショーペンハウエルがいたのか。それはカントとゲーテがいたからだ……というようないい方をしていきますと、それは因果関係のように見えて因果関係ではないのです。そもそもそれではとても説明にはなっていないのです。

なぜかといいますと、歴史のプロセスというのは、一見内在的な進化を遂げているように見えながら、ぜんぜん別なところから、個人やその個人の担う歴史のプロセスに別な、いわば超歴史的なはたらきが作用しているからです。そしてそのような別のはたらきを「ドミナンテ」(叡智的作用力もしくは霊的衝動)というのです。

ですから、この立場からいうと、十八世紀の後半に、なぜ突然、一種の古典主義的衝動が、古代ギリシア主義の復興がさまざまな個人の内部に生じたのかを考えるときに、十七世紀、十八世紀の精神史のプロセスをたどるのでは説明できないのです。霊的な衝動が別なところからそこにはたらきかけている、という神秘学的観点が問題になってくるのです。

その場合、このはたらきの由来するところを霊界、そしてそのはたらきに促されて進化発展を遂げるところを現界と名づけますと、すでに神秘学の領域に一歩ふみこむことになります。これから、哲学と神秘学のこの限界領域をめぐって、主として哲学の側から個々の問題を取りあげていこうと思います。

この「霊界」は、ヘーゲルの詩「エレウシス」のイメージからいえば、秘儀の世界ですが、現代の心理学用語でいうと、意識の下に位置づけられる無意識界です。ユングの「無意識」と神秘学の霊界と哲学でいう形而上《けいじじょう》的世界とは同一の内容についての三つの概念です。ただ上からくるというイメージをもてば形而上的世界になるし、魂の奥底から湧き上ってくると考えれば、無意識になります。

しかし、いずれにしても、存在の世界を同一の平面上でとらえようとする平面的、二次元的な立場ではなく、その時々の深さの関係とか、高さの関係とかという、別な次元を導入して立体的に把握しないと、この領域は理解できません。

立体的な立場に立つと、カントとシュタイナーというような、歴史的な前後関係ではなく、カントやシュタイナーがいかなる霊的な召命を受け、いかに自分の心の奥底から湧き上ってくるその衝動を受けとめようとしたか、ということが問題になります。そうすると、そこにドミナンテのはたらきが想定できるのです。そしてその場合には、ヘーゲルを理解するのに、フッサールの哲学が必要だということにはならずに、ヘーゲル自身の魂の在りようだけが問題になります。

そしてそれがまさに個体主義ということなのです。そしてそういうところへ注意を向けることを個体感覚といいます。一人の思想家、芸術家を絶対的な、かけがえのないものと見るのです。なにか別なものに影響されたところだけを見るのではなく、それ自身が普遍的な世界を個的に表現している、と見るのです。

フィヒテの『人間の使命』

そこで、デカルトの命題に戻りますが、デカルトは考えるという行為のなかに、なにものにも侵されることのない確実な立場を獲得できたと考え、その考えるとはいったいなんなのかを、合理的に考え進めていきました。それはデカルトにとって、ひとつの内的衝動に衝き動かされた行為だと思いますが、その同じ「思考」がフィヒテの場合はどのように展開されたのかを、次に考えてみようと思います。

フィヒテもまた、近代合理主義の子ですから、デカルトと同じように、認識の確かさについての疑問を当然もっていました。

今のデカルトと同じ論証のプロセスを、フィヒテに即してたどろうとするには、『方法叙説』と同じく、岩波文庫に翻訳の出ている『人間の使命』が参考になります。『人間の使命』は独特な問答体のスタイルで書かれていて、自分の心に現れる守護霊と自分との対話なのです。そういう対談が論文形式の文章と結びついて、不思議な表現になっています。それを読んでみますと、デカルトと同じ問題が出てきますが、思考のプロセスはかなり違います。その結果、フィヒテはデカルトとぜんぜん違ったところに、確固たる立場を獲得するのです。

フィヒテによると、確実な地点を思考のプロセスのなかに求めても不可能です。なぜなら、フィヒテによれば、存在そのものが夢だからです。表象も夢だし、その表象を生み出す思考もまた夢、そして宇宙全体も一つの夢なのです。そういうところから出発するのです。

フィヒテは論証の帰結としてではなく、出発点にそういう前提を立てたのです。ちょうどシェークスピアが、「人生は一つの夢に過ぎない」、といい、信長が「人生五十年、夢まぼろしの如くなり」といったように、自分の前に現れてくる世界内容をすべて一片の夢である、と考えたのです。そう考えますと、その夢のなかで、どんなにいろいろな思考活動がなされようとも、その思考自体も夢の部分に過ぎなくなってしまうのです。それどころか、夢のまた夢になってしまいます。なぜなら、思考の内容が夢に過ぎないとすれば、その夢を材料にして、次々に夢を再現するのが思考である、といえるからです。ですから、「私は思考する。故に私は存在する」といういい方は、「私は夢を見る。故に私は存在する」といういい方と同じことになる。そうフィヒテは考えたのです。ですからそれとは違ったところに、別の確実な地点を求めざるをえなくなったのです。

デカルトとフィヒテの相違点

それではどこにその地点があるのか、ということですけれども、それは簡単にはいえないにしても、それについて一つ有名な逸話がのこっています。それはシュテッフエンス(一七七三—一八四五年)というドイツ・ロマン派に属するノルウェイの自然哲学者の回想録のなかに出ています。彼はイェーナ、ワイマール、ドレスデンなど、ドイツ・ロマン派の文化の中心地に来て、詩人や哲学者たちと交流し、その思い出を『私が体験したこと』という自伝に記したのです。おそらくドイツ・ロマン派を研究するときのもっとも貴重な文献のひとつだと思います。戦前、リカルダ・フーフ女史の『ドイツ・ロマン派』の翻訳が岩波書店から出ていましたが、あれはシュテッフェンスのこの回想録を基《もと》にして書かれています。

この回想録のなかに、シュテッフェンスがフィヒテの講義を聞いたときのことが出てきます。フィヒテはシュテッフェンスが聴講している教室に入ってきて、しばらくたってから、「諸君、どうぞここにある壁のことを考えてみてくれ」といったのです。それでみんなが一生懸命、壁とはなにか、ということを、ある人は目を閉じて、ある人は目を開けながら考えていました。しばらくすると、フィヒテは、今度は、「では諸君、次に壁について考えている諸君自身を考えてくれ」といいました。それを聞いたみんなは、とたんに混乱を起こした、と回想録に出ています。

フィヒテの哲学というのは、たとえばそういうところから出発するのです。

デカルト哲学との根本的な違いはどこにあるかというと、デカルトは、「私は考える。故に私は存在する」、という論証のプロセスのなかでは、人間一人ひとりの意識の変革を要求しようとはしていません。むしろ、たとえば千人なら千人の読者がいるとすれば、その千人が現在共有している意識の上に立つのです。

ところがフィヒテは、今いいましたように、壁について考えている私たち自身を考えるように、と要求します。そうすると、その教室にいた百人なら百人の意識のもち方は、それをいわれた瞬間に、それぞれ違ってくるのです。ですからその時点で、みんなが同じ意識をもっているとはもはやいえなくなってしまいます。つまりフィヒテは、百人なら百人の人が共通にもっている意識の部分にではなく、まさにみんなが共通にもっていない部分に、確実な認識の根拠を求めようとしたのです。日常の覚醒時《かくせいじ》の生活は、夜眠っているときに比べると、はるかに意識が明るく冴《さ》えています。デカルトはその意識を前提にしたのですが、フィヒテは日常の覚醒意識から、さらにもう一度目覚めさせようとするのです。

カントの「物自体」

しかしそのためには、単なる抽象的、論理的な思考のプロセスではなく、――それについては第七章で詳論するつもりですが――魂が自分のもっているすべての能力を総動員して、一つの点に集中しなければなりません。そうするときに、私たちは第二の目覚めを体験するようになる、というのです。そしてその第二の体験をもったときには、もはや論理のうえで、そのあり方がいかがわしいとか、いかがわしくないとかというのではなく、もっと心の奥底から、今体験しているこの目覚めこそ、本当に自分の存在を内から確実なものにしてくれる、と確信できるのです。これは先ほどのデカルトの論証のプロセスとはぜんぜん違います。

フィヒテがこういういい方で語っている第二の目覚めは、ヘーゲルにとっても、シェリングにとっても、哲学の出発点になっています。この人たちの哲学は、読者に第二の目覚めを体験させようとするのです。そして、そういう体験をもった人は、自分の存在が確かなものか、そうではないかということを、もはや論証的な思考によって明らかにしようとはしません。

その意味では、カントの哲学は、デカルトとフィヒテの中間に位置づけられます。カントはフィヒテ的な発想にかなり近づいていますけれども、依然として論証のプロセスを通して、認識に限界を置きます。カントによれば、客観的に存在する物自体というものがあって、これは私たちの認識力では絶対に把握できないものとして措定されているのです。そして物自体というものが措定されないと、カントの哲学は成り立たないのです。しかし物自体がなんであるかを人間の認識能力で客観的に認識することはできないということも、カント哲学の前提になっています。ですからその哲学は不思議な、いわば緊張した前提をもっているのです。物自体がないとカント哲学は存立しえませんが、その物自体は認識できないのです。この二つの前提がカント哲学を性格づけています。したがって、カント哲学は基本的に主観主義の哲学なのです。なぜなら事物は主観的にしか把握できないからです。それに対して、フィヒテ、シェリング、ヘーゲルの哲学は客観主義の哲学です。なぜなら、彼らはいずれにせよ、物自体は認識できる、という神秘学的、オカルト的な立場に立つからです。

これは決定的な相違点です。神秘学と哲学との結びつきという、最初の問題に立ち返っていいますと、カントは神秘学と哲学との結びつきを初めから問題にしません。したがって神秘学と哲学との結びつきを問題にしようとする立場に対しては、批判主義の吟味に耐えないものとして、否定的な態度をとります。それに対してフィヒテ以後の観念論哲学は、ヘーゲルもシェリングも含めて、意識的にせよ、無意識的にせよ、神秘学と哲学の融合の方向を辿《たど》ります。いいかえれば、平面的な地平で対象を輪郭づけるのではなく、立体的な世界のなかで、その高さ、深さを探究しようとするのです。

II　カントとフィヒテ

カントとフィヒテの本質的な違いは、理性の機能についての考え方のなかに、もっともよく現れています。カントの場合、理性の機能は、意識一般の最高形式をあらわしています。

私たちの意識の表面の、もっとも明るい光に照らし出された部分での魂のいとなみは、意志でも感情でもなく、思考のはたらきだといえますが、その思考の最高形式が、カントによれば、理性なのです。

その理性に関して、カントは『純粋理性批判』『実践理性批判』『判断力批判』という三つの批判書のなかで、くわしく論じていますが、その際の基本的な問題は、人間が対象の世界に向き合ったとき、その対象を認識する理性のはたらきが、因果論的な態度をとるのか、それとも目的論的な態度をとるのか、ということなのです。

目的論と因果論

カントによれば、理論理性は対象を因果論的には説明できるけれども、目的論的には十分に説明できないのです。たとえば天候を考えるときに、期待や願望をもって雨《あま》乞《ご》いをすることはできますが、いつ雨が降るか、ということを理性的に考えるときに、そこに天の意志や天の配慮を考慮にいれる余地はありません。つまり理論的な態度をとるかぎりは、ある自然現象がどのような目的をもってそこに現れているのかを説明することはできない、というのです。

カントはこのことを、「自然概念」対「自由概念」あるいは「構成原理」対「規制原理」の問題として説明しています。自然概念を用いて構成原理を論じる場合には、因果論的な関係しか問題にすることができないのに対して、自由概念を用いて規制原理を論じる場合には、目的を問題にできます。けれども究極的には理性の体系全体は、宇宙のなかに自由概念も規制原理も見出すことができないので、事物はもっぱら因果論的にしか把握できません。ビッグバンの可能性を因果論的には説明できても、それを生じさせる目的意志を考えることは理性の役割りではない、と考えたのです。

判断の四つの枠組み

ところがこれから問題にしようとするフィヒテは、そこからさらに先へ進んでいこうとしました。理性をもって宇宙目的が把握できると考えたのです。ですからフィヒテのことを考えるときには、認識論のうえで本当にカントを超えることができたのか、という点が決定的になるのです。

たとえば、カントには有名な判断の図式があります。あらゆる判断がそれにしたがわねばならない四つの観点、つまり判断の妥当する範囲を示す量と、主客の間の妥当性を示す質と、主客の関わり方を示す関係と、主客の関わりの有効性を示す様態の四つですが、それをカントはさらに発展させて、全部で十二の範疇《はんちゅう》(範疇とは思考の基本的な枠組みのことで、これをカントは純粋悟性概念ともよんでいます)の表にしました。量の範疇は単一性と多数性と全体性、質の範疇は実在性と否定性と制限性、関係の範疇は自存性と因果性と共同性、様態の範疇は可能性と現実性と必然性の十二です。

このようにしてカントは、人間の判断力がこの四つの枠組みのなかでしかはたらいていない、その範囲を出てはいない、と考えたのです。

ところが彼は、その考え方をおし進めていくうちに、有名なアンティノミーの問題にぶつかりました。つまり判断の四つの枠組みもしくは観点に立つ以上、四つのアンティノミーを超えることができないことを悟ったのです。アンティノミーは二律背反と訳されています。その四つのアンティノミーとはなにかといえば、一つが「空間は無限である」という命題と「空間は有限である」という命題とのあいだの二律背反です。この二つの命題の対立に関して、人間の判断力はなにも積極的に発言することができないというのです。同じように、「時間は有限である」「時間は無限である」という二つの命題についても、そのどちらが正しいのかを決定することは、人間の判断力ではできません。それから、「存在はそれ自身自由である」「存在は必然的な制約を受けている」という二つの命題についても同様ですし、最後に、「存在は因果論的にしか説明できない」「存在は目的論的にも説明できる」という二つの命題についても、その両方とも正しいということはありえないのに、どちらか一方の側に立つことは、悟性認識にとっては不可能なのです。

そういう、人間の判断力では決定できない事柄がすでに四つも眼の前にある以上は、私たちの理論理性の体系そのものに関しても、その有効性に一定の制限を置かざるをえません。眼の前にある空間や時間の性質についてさえも、悟性の力ではなにも積極的な内容を示すことができないとすれば、その判断力で神の存在を論じることができるはずはありません。神は存在する、という主張は、願望や要請としてならありえても、それを論証することはできないのです。

フィヒテにとっての理性

ところがそういうカントの、理性の組織についての考え方をさらにつっこんで考えていきますと、今いいました量、質、関係、様態についての人間の判断力は、ほかのどんな知的な力にも依存しないで、それ自身で自立して存在していることにも気がつきます。内的な必然性をもって、人間の判断力ははたらいているのです。なにか他の力によって判断させられているのではありません。人間の判断力は自立しているのです。

ですから、たとえば人間の判断力そのものについても、それが一種の自然必然的な因果の法則によって生じたのだ、ともいえますし、逆に、自然必然性や因果の法則それ自身が人間の判断力の基礎にある理性組織の産物なのだともいえるのです。因果論によって理性の成立を説明するのではなく、逆に理性のはたらきによって因果論が説明されるのです。このことをカントは、いろいろなところで強調しています。

ですから理性のはたらきをこの関連でもう一度考えてみますと、理性そのもののなかに、ある絶対的な原理が含まれているのではないか、という予想を立てることができるのです。

けれどもこの予想が妥当するかしないかについて、カントの立場に立って考えると、先ほど述べたように、堂々めぐりになってしまいます。人間の判断力とはどういう機能をもっているのか、というところからはじまって、また量や質や関係や様態を問題にするようになり、そしてそれが構成原理ではあっても、規制原理ではない、自然概念ではあっても、自由概念ではない、というふうに、堂々めぐりをしてしまいます。しかし、もし理性の体系そのものが、別のなにかによって支えられているのではないなら、すべての法則性、すべての悟性のはたらきを含めて、人間の判断力を支えている理性組織に絶対的な性格が与えられるなら、その絶対的な性格というのは、宇宙の存在目的に応じたものでなければならない、という予想を立てることができます。そしてそのような予想のもとに、なんとか理性を目的論的に説明しようとしたのが、フィヒテの哲学なのです。

このことはカントの立場では説明できないのですが、フィヒテにはそれについてのある根源的な確信があったのです。フィヒテによれば、今私たちが生きているこの世の現実を眺めるときに、その現実のなかには、かならず実現されるべきなんらかの理想が存在しているのです。

ですから、もしこの世の現実に理想があるとして、その理想と現実との関係を眼の前にすれば、そこには当然、両者のあいだの不一致が現れてきます。ですから、理想の観点から現実を見れば、その現実には当然矛盾が無数に含まれています。

フィヒテとマルクスの弁証法

フィヒテは現実に対して、そういう確信というか、基本的な態度をもっていました。そして、理想と現実との乖離《かいり》、不一致あるいは矛盾というものにどうしても出会わざるをえなくなってきたとき、彼はその矛盾こそが理性の本質でなければならない、と考えたのです。

この考え方のプロセスについて説明する前に、あらかじめごく大ざっぱに、哲学者としてのフィヒテの性格について触れておきたいと思います。彼はすでに述べましたように、いかなる世界観をもっているかは、その人がいかなる人物であるかによる、といいました。この言葉から考えますと、現実と理想とをめぐる基本的な態度のなかに、フィヒテの人柄があらわれている、ともいえるわけです。そして、理性の本質が矛盾のなかにあるというこの考え方から、フィヒテの哲学においてはじめて、弁証法が生まれます。つまり定立と反定立と総合という三つの概念のなかに、理性の本質がある、というヘーゲルの考え方は、このフィヒテの立場のなかにすでに含まれていたのです。

現実は矛盾している、といえるのは、私たちが理想を求める存在だからです。そして私たちが理想を求める存在であるのは、私たちの内なる理性が因果論的ではなく、目的論的なあり方をしているからなのです。

そして、もし現実が矛盾しているとすれば、その矛盾はかならず、定立と反定立の関係としてあり、その矛盾をなんとか目標の方向へ向けて発展させようとすれば、その二つから一つの総合が生じるのです。いったん総合が達成されたら、その総合は現実となり、その現実にはすでにかならず矛盾が含まれています。つまりより理想的なものとの対比において、矛盾を含んでいます。そうすると、その矛盾を克服するために、その定立と反定立に対して、新たな総合をどうしても求めざるをえなくなります。

カントの場合の現実と理想との関係は、こういう形《かたち》では体験されないのです。

それでは、この発展のプロセスとマルクスの弁証法とのあいだにどういう違いがあるのでしょうか。マルクスの弁証法は、自然必然性の、あるいは因果の法則に基づく弁証法ですけれども、フィヒテの場合は、今述べたことからも明らかなように、目的論的な弁証法なのです。そこには根本的な違いがあるのです。

「目的」はこれから述べる問題にとって非常に重要な概念になります。目的とはある原因の結果として出てくるものではないのです。

それは、ある事柄の根拠をあらわす概念なのです。たとえば、ここに時計があるとしますと、その時計が今なぜここにあるのかという、時計が存在することの根拠は、その時計によって一日の時間の流れを正確に知るという目的につかえることですから、その時計が存在する目的というのは、その時計がここにあることの根拠と同じことになります。

私たちがなぜここに今生きて存在しているのか、ということの根拠を明らかにしようとするには、私たちが生きる目的をはっきりさせることができなければなりません。もし私たちが生きる目的をもちえなかったら、私たちが存在していることの根拠もなくなってしまいます。そういう意味で、目的と根拠との関係が、目的論にとっては非常に重要なのです。

フィヒテの知識学

そこでこれからフィヒテの哲学のことを考えたいのですが、フィヒテは自分の哲学のことを非常に独特ないい方で、ヴィッセンシャフツレーレ（知識学）と呼んでいます。知識学というのはそれほど厳密な訳語ではなく、ヴィッセンシャフトというのは科学もしくは学問のことで、レーレというのは教えという意味ですから、文字通りに訳すと、「学の教え」というような意味になります。しかし一般に知識学といわれていま す。先ほどいいました目的論的な弁証法の体系が、フィヒテの用語では、知識学なのです。

その場合の知識もしくは学問についての考え方は非常に独特です。この知識を普通はどう説明するかというと、普通は、対象と私たちの概念とのあいだに一致があれば、その概念は知識として有効である、と説明します。私たちが対象に正確に対応する概念を見つけ出すことができたとき、その対象を真に把握したということになります。

ところがフィヒテの場合、知識をそういう意味で用いてはいないのです。私たちは自分の心のなかに無数の表象の群れをもっています。私たちの意識はさまざまの表象から成り立っています。きのう体験したことの表象、今日出会った人の表象、町の表象、あるいは映画やテレビで見た表象、その他無数の表象がありますが、その表象の群れのなかに、ある種の必然性の感情を伴って現れてくる表象があるというのです。感情という言葉を使うのです。必然性の感情を伴って出現する表象があるとすると、その表象、もしくはその表象の全体こそが知識なのだ、というのです。

ひとつの内的な必然性の体験を通して、表象が現れる場合と、そういう内的な必然性なしに外から与えられる表象とがある、というのです。そして前者のような表象は、その内容も形式も、必然的に、それを体験する私自身によって規定されているといえるのです。

「はじめに行為ありき」

そこであらためてフィヒテの立場に立ってみましょう。非常に抽象的なしかたでフィヒテが定義したような意味で、ある表象が私の内的必然性の感情を伴って現れてきて、そしてその表象の形式も、その表象の内容も、ともに私自身によって必然的に規定されているような、そういう表象があるとすれば、それはいったいどこに見出せるのでしょうか。

そのような問いに対して、フィヒテは、思考の根源的行為がまさにそれに当る、というのです。

非常に抽象的ないい方になってしまうのですが、もう少しこの考え方を辿っていこうと思います。フィヒテの哲学は、初めから終わりまで、きわめて抽象的な話が続くのです。フィヒテという人は、想像をたくましくするのは不得意だったといわれていますが、そのかわり、純粋に抽象的な概念の把握のしかたでは、並ぶものがないくらいに優れていたそうです。概念に対しては、非常に偉大な直観力のもち主だったので、信じられぬくらいに抽象的な思考活動のなかで、彼自身の情念の灼熱《しゃくねつ》を表現しているのです。ですから読んでみますと、一種の熱い力をとても受けるのです。

そこで、フィヒテのいう本当の知識、つまり外から偶然与えられたものではなく、自分自身の内部から、必然的に生じてきたような、そういう知識とはなにかというと、それは思考、あるいは表象の根源的な行為(ウルハンドルング)なのだ、というのです。その根源的な行為は、どんな意味でも、形式的にも内容的にも、外から規定されるものではありえないのですが、それは当然です。はじめから、そういう自由な行為として措定されているのですから。

そこで、この自由な認識行為を現実の行動に移すこと、自由というのは内的必然性ということですが、自由な、内的必然性を伴った行為という理念を現実の行動に変える行為、それをフィヒテは事行(タートハンドルング)とよんでいます。

事行という訳語だけではなんのことだかわかりませんが、ドイツ語でもタートつまり行為という意味と、ハンドルングつまり行動という言葉とを重ね合わせた、わかったようで非常にわかりにくい言葉です。

そこで、フィヒテはこういう「事行」こそがあらゆる知識の前提になる、と考えました。頭で考えたのではなく、彼はそう直観し実感したのです。

自由な行為を行動に移す行為、フィヒテにとってのいちばん重要な基礎概念である事行、あるいは真なる知識というのは、いい換えれば意識が自分自身を思惟《しい》する行為でもあるのです。それについてフィヒテは、自由な行為を行動に移す行為とは、意識が自分自身を思考する行為であり、自我の純粋なる行為である、といっています。

そしてこの言葉によって、フィヒテは自分がカントの立場から決定的に一歩先へ進むことができた、とはじめて確信できたのです。いい換えれば、今いったことは抽象的な、いわば論理的な関連のなかで説明されていますけれども、フィヒテはこの言葉によって、ヨハネ福音書冒頭の「はじめに言葉ありき」を哲学的に解明する道がひらけたと思ったのです。

ゲーテの『ファウスト』第一部の「書斎の場」で、ファウストが「ヨハネ福音書」の冒頭の一節を翻訳しようとして、あれこれ考えるところがあります。そして「はじめに言葉ありき」では、自分を納得させることはできないと思い、あれこれと考えたすえに、最後に「はじめに行為ありき」という言葉を思いつくのです。このことは、フィヒテの思索と親和している、ともいえます。なぜなら、いちばん根源のところに、自我の行為がある、という考え方は、フィヒテの哲学の本質をあらわしているからです。

「自我は自分自身を定立する」

第一章で述べたことと、今述べたこととを対比してみますと、デカルトの場合には、自我の存在を証明するのに、現にある行為をあれこれ考え、そしてそのなかで思考する行為だけがその存在を端的にあらわしている、というところにまできて、「私は思考する。故に私は存在する」という命題が生まれたのですが、フィヒテの場合は、まったく違った前提に立っています。

すでにある存在のことは、ぜんぜん問題にしないのです。むしろそもそも存在が成立するときのもっとも根源的な地点にあらためて身を置こうとします。すでにある存在を説明するのと、そもそも無前提の存在成立の状況を想定して、そこでの行為を考え、その行為の結果として、あらためて存在を導き出そうとするのとでは、哲学する態度がまったく違うのです。

フィヒテは、今いいましたことを、次のような有名な命題として表現しています。

Das Ich setzt sich selbst（ダス・イッヒ・ゼッツト・ジッヒ・ゼルプスト）

これは「自我は自分自身を定立する」という意味です。フィヒテのこの命題に至って、ドイツ哲学は明らかに、エクソテリック（顕教的）な性格から、エソテリック（秘教的)な性格に変わっていくのです。事実、エクソテリックな立場に立つかぎり、この命題はぜんぜん問題になりえないのです。

たとえば、あらかじめ私たち自身のなかに、万人に共通の意識形式、もしくは意識法則が存在していることを前提として、そこからさまざまな命題を引き出してくる立場を、エクソテリックであると考えますと、その立場からいえば、フィヒテのこの命題はまちがっているのです。なぜまちがっているのかというと、たとえばなにかがおこなわれるとします。その場合、行為する主体がなかったら、行為は生じません。ある人がある行為をする場合には、その行為の前に、あらかじめその人の存在が前提にされなかったら、行為は生じません。

ところがフィヒテのこの命題では、無からいきなり行為が生じます。そしてその行為の結果として、存在が出てくるのです。ですからエクソテリックには、行為する存在のいない行為をフィヒテが主張していることになるのです。しかしフィヒテにとって重要なのは、存在から行為が出てくるのではなく、行為から存在が出てくる場合のことです。ですからそのような行為は、いわば宙に浮いた行為としてしか、エクソテリックな立場からは、受けとめられません。

ところがエソテリックな立場からいうと、フィヒテのいう通りでなければいけないのです。まず生成があり、その生成の結果として存在があるのです。そういうプロセスをたどらないと、エソテリックな考え方にはならないのです。自己を存在させようとする意志のはたらきである生成からその結果である存在へのプロセスを、新プラトン学派やグノーシス派の宇宙論では「流出」といいます。この流出が可能なのは、神秘学の概念をここで使ってみますと、生成が生じる世界が霊界であり、そしてその結果として生まれる存在界が現界ということになります。

ところがエクソテリックな発想からいうと、霊界とか現界とかという区別はありません。論理が妥当する単一の世界を同一平面上に考えますから、その平面上で行為者なしの行為がおこなわれることは、ありえないのです。

ところが、存在に位階(ヒエラルキア)の層があって、より高い、またはより深い存在の層から現界という存在の層へ、ある事柄を実現させようとするはたらきが生じる場合には、そのはたらきが生成のプロセスとなって現界に現れてきます。ところが存在のヒエラルキアを考えずに、生成のプロセスを、平面的に、同じ物質界の次元の問題と考えるならば、フィヒテの哲学は宙に浮いた、観念的な議論であるとしか思えません。

しかしフィヒテは、観念的な議論をやろうとしているのではなく、存在の根源にまでさかのぼって、存在の根拠はなんなのか、いったい人間存在はどんな目的をもっているのか、ということを哲学的に解明しようとしました。そしてその立場を端的に、「自我は自分自身を定立する」という言葉で表現したのです。

「自我」の意味

それではなぜ「自我」という言葉を使ったのでしょうか。「自我」「私」というのは、非常に不思議な言葉です。私たちが人と話すときに使用する「私」という言葉は、シュタイナーが『神智学』や『神秘学概論』で強調しているように、ほかの誰によっても発することのできない内容を指示しています。ほかの人が、「私」というとき、それは私にとっては「あなた」を意味しています。私が「私」という場合、その「私」は私自身の内なる魂から発せられる言葉です。それは主観性のもっとも純粋なあり方を表しています。そういう言葉は他にはありません。たとえばある猫が、「タマ」という名前だったとしますと、その「タマ」という言葉は、「タマ」という猫以外の誰でもが使えます。ところが、私が「私」というときのその「私」という言葉は、まさに私以外には誰も使えません。そのことの意味をあらためて考えてみますと、非常に不思議な気がします。いったいどうして私たちはみんな、自分のことを「私」といえるのでしょうか。それは神秘としかいえないような事柄です。おそらく人間以外の他の動物たちは、まだ「私」という概念を意識化できずにいるのではないでしょうか。もし「私」という言葉を他の動物たちも使うことができるとしますと、意識の発展段階からいって、その動物たちは、すでに人間なのです。

人間の定義をするときに、「人間とは自分に対して「私」といえる存在のことだ」、といえると思うのです。動物もさまざまな表象をもつことができるかもしれません。また本能的な叡智についていえば、人間よりも優れた叡智をもっている動物はいくらでもいます。人間がまだ紙を作れなかった太古の時代から、蜜蜂《みつばち》は紙を作っていました。紙を作る技術においては、人間よりも蜜蜂の叡智の方が、はるかに偉大だったのです。そういうことからいうと、人間よりも本能的な叡智において優れた生物は無数にいます。テレパシーの能力とか、方向を探知する能力とか、生命の危険を察知する能力とかにおいては、人間よりもほかの動物たちの方がはるかに優れています。けれども自分自身のことを「私」といえる存在というのは、人間以外には見当りません。

たとえ姿かたちは猫であっても、その猫が自分のことを「私」といえたなら、その猫はすでに人間なのです。

別の言葉でいえば、自分のことを「私」といえるくらい、自己を意識することができれば、その存在は人間と同じ運命を担うことになり、そして自己を意識する主体が、そのようにして自己意識的な行為をした場合、「自我は自分自身を定立する」ということになるのです。

大宇宙、存在の根拠

そしてフィヒテは、この「私」(今、いいましたことからいうと、人間の意識段階においてはじめて可能になる言葉)を、あらゆる哲学の出発点に置きました。いい換えると、あらゆる存在の出発点に、すでに自我というものが存在しており、その自我が自分自身を定立する、というのです。そのようにしてはじめて宇宙も生じました。

ちょっと考えると、これは非常に奇妙な主張のように思えます。そもそも人間が生まれたのは、宇宙の生成発展の流れのなかでいえば、無限に長い経過のあとでのことです。宇宙の歴史をかりに、どのくらい長い年月かわかりませんけれども、百億年と考えてみますと、その百億年の経過の最後の最後の一瞬間に、人間が生まれました。そしてその人間が自意識を獲得した末に、とうとう哲学まで作り出すようになりました。そして十九世紀になり、フィヒテという哲学者が現れて、「自我が自分自身を定立する」という命題を打ち立てるところまできました。この出来事は、見方によれば、人類史の壮大な営為のなかで生じた単なる小さなエピソードに過ぎませんが、しかし別の見方からすれば、全宇宙の営為の核心的部分がはじめて哲学的表現を得たという一大事件にも思えます。

この命題を肯定するのか、肯定しないのか、ということは、観念論哲学そのものに意味があるのか、ないのか、ということでもあります。この命題を肯定しない立場からすれば、先ほど述べたように、観念論とは、近代的人間のファンタジーの産物に過ぎません。しかしこの命題を肯定する立場に立てば、大自然の究極の所産である人間が、自分で自分を定立することができたことの記念碑的な表現なのです。そしてその表現がなされた時点で、はじめて人間はみずからの意識の根拠を明らかにすることができたのです。

目的とは根拠を明らかにすることだ、と先ほどいいましたが、自分自身を定立することのできる存在にまで人間を進化させる、ということが大宇宙の目的だったのだ、とフィヒテは考えているのです。その目的が達成されたときはじめて、大宇宙そのものの存在の根拠も明らかにされるのです。

この哲学の基本問題は簡単には解決できないと思いますので、これからいろいろな角度からこの問題を考えていくつもりですが、ここではフィヒテの立場に沿って、その基本的な考え方を抽象的に取りあげるにとどめておきます。そこで、この命題を取りあげるに際して、フィヒテはおもしろいことをいっているのです。

いったん自我が自分自身を定立しますと、次にその同じ自我が、自分自身のなかに非我を定立するようになる、というのです。ですから第一の命題から、「自我は、自我の中に非我を定立する」という第二の命題が生じます。

「自我が自分自身を定立する」、という言葉の中には、不思議な物語りも含まれています。——宇宙にはそもそも宇宙自我というようなものがはじめから存在している。そしてその宇宙自我が自分自身を定立するときに、この宇宙、大宇宙が生まれたのだ、という物語りです。そしてその場合の宇宙自我は、明らかに、人間自我と類比的な関係にあるのです。ですから、このフィヒテの命題を自分の心のなかで繰り返して反芻《はんすう》してみますと、一種の、非常にロマン主義的な予感が湧き起こってくるような、なにか不思議な力をそこに感じとることができるのです。

このロマン主義的な予感に人びとの心を誘《いざな》うために、前に紹介したように、フィヒテは、「諸君、壁を考えてくれ」といい、みんなが壁を考えたとき、さらに「それでは壁を考えている諸君自身を考えてくれ」、といったのです。そのときに、みんなが漠然と感じた自分というもの、それがフィヒテにとっての自我だったのですが、その自我と、宇宙自我もしくは宇宙の魂とでもいうべきものとが、そのあり方において、共通している、というのです。そしてこの共通性の予感のようなもの、あるいは思い出のようなものをよび起こす言葉として、フィヒテの「自我は自分自身を定立する」という言葉があるように思うのです。

自我と非我の関係

岩波文庫にフィヒテの『全知識学の基礎』が出ています。そのなかに今いいましたことが書かれているのですが、その長くて難しい序論をとばして、第一章にいきますと、そこに次のような文章が記されています。「読者よ、御一緒に我々は同じことを考えなければならないが、それを許していただいて、次のように話しかけたい。心おきなく君という言葉で話しかけたい。君は疑いもなく自我、我を考えることができる。そして、これを考えることによって、君は、君の意識が或る特定の仕方で制限されているのを、内的に見る。」そう書いてあって、最初から自我の問題を取りあげているのです。そしてその先を見ますと、「自我は自分自身を定立するものであって、それ以上の何ものでもなく、自分自身を定立するものは、すべて自我であって、それ以外の何物でもない」、と述べています。自分自身を定立できるものを自我というのです。

そして自我を人間自我ととれば、人間とはなにかということについて、フィヒテは、人間とは、自分自身を定立することのできる自我存在のことだ、といおうとしていることがわかります。そしてさらに、宇宙にも巨大な宇宙人間がいて、その宇宙人間の自我がみずからを定立したものが、この世界、この宇宙なのだ、ということになるのです。

さらに先を見ますと、「諸君、君たちは壁について考えてくれ」、という先ほど触れた言葉が出てきます。「君は私の要求通り、君の机、君の壁などを思考した。」そして今、このことを思考している「君自身を思考せよ。そしてこの思考がひとつの行《ぎょう》であることに注目せよ」と書いてあります。つまり、自分自身に注目することは、フィヒテにとって、修行と同じ行為なのです。ですから、もうこのへんになってくると、フィヒテの哲学は、まったくエソテリックな、霊的なニュアンスを帯びているのです。

エソテリックというのは、はじめにも説明しましたように、現在私たちがもっている日常的な意識とは違う、もっと高次の意識がある、ということを前提とする立場のことです。その意味で、フィヒテの「自我が自分自身を定立する」、という行為は、日常的な自我から、より高次の自我へ、あるいはより高次の意識へ、自分自身を高める行《ぎょう》である、ともいえると思うのです。

そして、自我が非我、つまり自分自身でないものを自分のなかに定立するというのは、自我あるいは主観が、自分の外に対象の世界、あるいは客観の世界を生み出す、という意味です。そして主観と客観ということからいうと、フィヒテは、主観である自我が客観である非我によって規定されると、自我は理論的態度をとり、客観である非我が主観である自我によって規定されると、自我は実践的態度をとる、と考えています。

自我が非我のはたらきによってある態度の決定をせまられますと、この自我は客観的理論的態度をとるのです。ところが逆に、自我が非我の方にはたらきかけて、非我が自我に規定されているときの自我は主体的実践的態度をとるのです。

意識のヒエラルキア

そして、ここから二つのおもしろい問題が出てきます。その一つは、今いいました自我と非我との関係がシュタイナー哲学の出発点にもなっている、ということです。一八九四年、三十三歳のシュタイナーが『自由の哲学』を書いたときの問題意識の根底には、この関係が生きていました。自我と非我の関係です。自我が非我を規定するときの実践的態度から、自由が可能となります。そして非我によって自我が規定されると、その自我は理論的態度をとり、もはや自由にはなれません。理論的考察によっては自由を理解することができないのです。このことが『自由の哲学』の出発点になっています。

それからもう一つは、ヒエラルキアの問題です。先ほどいいましたように、観念論の立場に立てば、存在にはヒエラルキアがなければなりません。存在にヒエラルキアがあるということは、同時に意識にもヒエラルキアがあるということです。そしてフィヒテの問題をつきつめていきますと、どうしても、ヒエラルキアの問題に向き合わざるをえないのです。ヒエラルキア、つまり位階の高さ、低さの問題です。

そこで、フィヒテが意識のヒエラルキアをどう考えていたのかといいますと、これは非常にはっきりしていまして、現代のC・G・ユングの基本的な考え方がすでにフィヒテのこの点によく現れているのです。つまり私たちの日常意識よりも、もっと深いところに、あるいはもっと高いところに、生産的な無意識があって、そして日常意識の側にも自我がはたらいているし、無意識の側にも自我がはたらいているのです。ですから私たちの自我が自分自身を定立する、つまり私たちが自意識のある態度をとるというのは、さしあたりは日常的な意識を定立しているということなのです。

ところが宇宙的な自我が、大宇宙を存在させる場合の自我というのは、生産的な無意識の側の自我なのです。自我が生産的な無意識を定立するのです。

これは、マクロコスモス(大宇宙)的な自我のはたらきです。そして日常意識の方は、ミクロコスモス(小宇宙＝人間)的な自我のはたらきです。私たちの場合と同じ自我のはたらきが宇宙にそのまま存在しているというのではないのです。そして私たちの内部においても、マクロコスモス的自我が創造的な無意識、あるいはフィヒテの言葉でいえば、生産的な無意識を定立するとき、そのときはじめて私たちの内部に宇宙の森羅万象が生み出されるのです。

いい換えれば、宇宙的な存在は、フィヒテにとっては、無意識的な存在なのです。無意識的な存在として外にも内にも、森羅万象が生きています。しかし私たち人間は、意識的な存在として生きています。その無意識から意識へのプロセスには、百億年か数十億年かの長い過去が横たわっているのです。

最初に無意識があり、それから果てしない時の流れのあとで、人間が人間の意識を定立したのです。そして無意識から意識へのこのプロセスの体系を、フィヒテは知識学と名づけました。

フィヒテはこのことを、たとえば次のようにもいっています。生産的無意識は、「生産的構想力」ともいえる。そして日常的意識は、「悟性的意識」といい換えることもできる。生産的構想力は、根源的であり、原像的であり、原型的である。しかし悟性的意識の方は派生的であり、模像的である、というのです。そして私たちの手がとどくのは、日常的な意識の方ですが、私たちの内部の深いところには、生産的な構想力がはたらいており、そして宇宙そのもののなかにも、同じ生産的な構想力がはたらいているのです。けれどもこの意識と無意識とのあいだには橋がかかっていません。断絶があるのです。この日常的意識から、生産的無意識にまで橋をかける行為のことを、彼は「知的直観」と名づけました。私たちが知的直観をもつと、悟性的意識の領域の自我が、生産的構想力の領域の自我と結びつく、と考えたのです。ユングの言葉でいえば、前者が「イッヒ」(自我)で、後者が「ゼルプスト」(自己)ということになるのでしょうか。

ここでついでにつけ加えておきますと、フィヒテの活躍した時代に、インドの『バガヴァッド・ギーター』がヨーロッパにはじめて紹介されました。ドイツ観念論の哲学者たちが夢中になってその翻訳を読みふけった理由は、『バガヴァッド・ギーター』

には、この意識と自我との関係がオカルト的な観点から、はっきりと表現されていたからです。『バガヴァッド・ギーター』では、生産的構想力が「プルシャ」あるいは「霊我」とよばれ、私たちの日常的な意識は低次の自我とよばれて、区別されています。

フィヒテは、ドイツ観念論の立場から、カントの批判哲学を超えるために、純粋に論理的な思考作業を通してつけた道すじが、すでに千年以上も前に、インドでは知られていた、ということを知って、驚嘆しました。

フィヒテのことは、以上で終わりにしたいのですが、このような思想を生み出した立場全体を、普通「同一哲学」とよんでいます。そこで最後に、この言葉について、少し考えておきたい、と思います。

同一哲学の発展

「同一性」というのは、この頃よく使われている「アイデンティティー」ということです。アイデンティティーの哲学、ドイツ語でいう「イデンティテーツフィロゾフィー」(Identitätsphilosophie)というときの同一性とはなにかといえば、今お話ししたことからもわかるように、日常的な意識の主体である自我と、生産的な無意識の主体である自我との同一性のことです。自我は自我である、ということなのです。それは、マクロコスモスとミクロコスモスとの一致でもあるし、意識と存在の一致でもありま す。もっといえば、同一性の哲学というのは、論理学と存在論の一致でもあるのです。存在論というのは、形而上学《けいじじょうがく》ということでもありますから、論理学と形而上学との一致といい換えてもいいのです。

そこで、今考えておきたいのは、同一哲学、あるいは知的直観が、哲学史上どういう方向にその後発展したかということです。知的直観、同一哲学、無意識の哲学、生産的構想力、これらの言葉はそれ以前にはあまり問題になりませんでしたが、それらのエソテリックな概念がフィヒテを通して、アカデミックな哲学上の概念になったのです。「自我」という概念を通して、大宇宙の主体と人間の主体とがひとつに結びつきました。一人ひとりの人間の存在の根拠と、大自然の存在の合目的性、それがきわめて抽象的なしかたではありましたが、ひとつに結びつけられました。この問題は、いったいその後どういう展開を示したのでしょうか。

この問題を芸術の分野で徹底させていったのが、ロマン派の芸術家たちでした。文芸においては、ノヴァーリス、ティーク、絵画においては、C・D・フリードリヒ、フィリップ・オットー・ルンゲ、音楽においては、ベートーヴェンからワーグナーに至る作曲家たち、それらの芸術家たちの仕事は、二十世紀初頭のリルケ、パウル・クレー、カンディンスキー、スクリアビンなどに受けつがれました。それらの芸術表現は、以上に述べたフィヒテの哲学と深いところで結びついている、といえるのです。

自然科学の分野でも、同じ方向での活動が見られます。まず深層心理学がロマン派の時代に現れてきます。たとえば、ゴッドヒルフ・ハインリヒ・シューベルトは『夢の象徴学』や『自然科学の夜の側面』という、とてもおもしろい本を書いている自然哲学者ですし、カールスという医学者も、同様に『プシケー』その他の著書で無意識の心理学を論じています。

自然科学の分野では、なんといっても、植物の形態学や色彩論において、大きな業績をあげたゲーテの名を逸するわけにはいきませんが、そのゲーテは、フィヒテの哲学から非常に多くの影響を受けた人です。その点はロマン派の詩人たちも同様で、フリードリヒ・シュレーゲルやノヴァーリスなど、初期ロマン派の人びとは、十八世紀の最大の事件として、フランス革命と、フィヒテの『知識学』と、ゲーテの『ヴィルヘルム・マイスター』を挙げているくらいです。要するに意識の変革にとっての決定的な道程を、この三つのなかに見ようとしたのです。

次の章では、これらの事柄をくわしく考察しようと思います。つまりロマン派の美学、シェリングの自然哲学、ヘーゲルの精神現象学、ゲーテの象徴主義などです。一方ではフィヒテからシェリング、ヘーゲルへ向かう哲学の系譜、他方ではゲーテとドイツ・ロマン派、それらの上に、ルドルフ・シュタイナーの思想が生まれてくるのです。

Ⅲ　ドイツ・ロマン派

フィヒテの人間像

前章で取りあげたフィヒテの「自我」の思想は、十九世紀におけるもっとも前衛的、革新的な思想であったと思いますが、同時にそこには非常に古い宗教的な伝統が反映しているようにも思えます。

たとえば旧約聖書のなかのイスラエルの神の名は、「われはわれなり」という意味だといわれておりますし、仏教の「天上天下唯我独尊《てんじょうてんがゆいがどくそん》」の「我」をカッコ付きの「私」であるととれば、宇宙のあらゆる存在のなかで、自我だけが尊い存在だという意味にもとれ、これも「自我が自分自身を定立する」、というういい方に通じるものを感じとることができます。

さて、フィヒテがこの「私」の概念を自分の哲学の中心概念にしたとき、そのフィヒテの心のなかには、ある魂の衝動が生きてはたらいていました。その衝動は彼の若いときからのさまざまな体験のなかに、すでに現れていました。たとえば子どものときに、お父さんからもらった童話の本があまりにおもしろすぎ、いつもの生活習慣をやぶって、夜遅くまで読んでしまったときに、そういう自分が許せなくて、その大事な本を川に捨ててしまったり、九歳の頃には、教会に説教を聞きにいき、そして帰ってきて、教会にいけなかった村人から、「いったいどんな話があったのか」と聞かれたとき、ほとんど言葉通りに、その説教を初めから終わりまで、もう一度再現して見せたそうなのです。そのときは話の途中で、彼自身が熱狂してしまって、まるで牧師さんの魂が乗り移ったように話したので、村人がみんなびっくりして、これは普通の子どもではない、と思ったそうです。後にシュール・プフォルタという、ニーチェも在学していた有名な全寮制のギムナジウムに推薦入学することで、学者の道がひらけたのですが、そうでもなければ、農村の住民として一生を終わったかもしれない人でした。そういう子どものときからの内的衝動が、成長するに従って目覚め、その目覚めた魂のなかに、いわば宇宙意志ともいえるような、巨大な道徳意志が、まるで啓示のように現れたのです。そして自分の心をその意志の力で満たしたときに、フィヒテは、いったい自分のこの力の本質がなんなのかということを、なんとか言葉でとらえようとして、ついに「自我は自分自身を定立する」という、単純な命題に至り、そこから哲学の第一歩をはじめたのです。

天才肌のシェリング

これからお話ししたいと思うのは、そのフィヒテの思想のさらなる発展を辿るうえで、決定的な役割りを演じたシェリングの哲学についてです。

フィヒテは、一七六二年に生まれました。そして一八一四年に、対ナポレオンの解放戦争に五十二歳ぐらいで従軍して看護兵になりましたが、チフスを患い、生命を失います。

その十三歳年下のシェリングは、一七七五年から一八五四年まで、七十九年の生涯を過しました。彼はフィヒテの、今述べた原体験のようなものを哲学的にさらに発展させましたが、そのことはシュタイナーの思想にとって、決定的な意味をもっていました。

シェリングは大変な天才だったそうです。十五歳ですでに大学に入学し、その二年後の十七歳のときには、学位論文を書いています。それは「創世記第三章」についてのエッセイでした。そのようにして、輝かしい学者としての人生を始めますが、十八歳で古代神話についての哲学的考察を発表し、十九歳から二十歳にかけては、当時の哲学者のなかで、フィヒテの思想をこれ以上深く理解できた者はいない、と当のフィヒテに思わせたくらい、優れたフィヒテ論を書きます。それは「哲学の原理としての自我について。または人間の知識における無制約的なもの」という論文です。そして二十二歳からは大学で教鞭《きょうべん》をとることになります。

このように、若きシェリングは、フィヒテの自我哲学を深く把握しながら、二十代で自分独自の哲学の道を歩み始めるのですが、その彼の思想形成に大きな影響を及ぼしたのは、五歳年長の二人の友人でした。彼はすでにテューービンゲン大学入学後すぐに、真に才能豊かなその二人の人物に出会い、すぐに親交を結ぶようになるのです。哲学者ヘーゲルと、詩人のヘルダーリンです。ヘルダーリンとヘーゲルと、そしてシェリング、この三人が集まって、本書の冒頭で紹介したヘーゲルの詩に記念碑的表現を得た、古代の秘儀の復興運動を起こそうと誓い合うのです。

すでに述べましたように、当時のドイツにおける古代復興運動は、ローマ復興ではなく、古典的なギリシア精神の復興でした。それをこの三人は、いわゆるドイツ精神といわれている、ロマン的で非常に内向的な精神、たとえばシューベルトやフーゴー・ヴォルフの歌曲に見られるような、内向的なドイツ的な魂と結びつけることによって可能となるような、新しい文化を作ろうと誓い合うのです。

シェリングはそれを、すでに二十歳になる頃には、当代最高のフィヒテ理解者として、おこなおうとするのです。

そのために、二十二歳の頃から、フィヒテ哲学を根本的に新しい方向にもっていく仕事をはじめます。それが有名なシェリングの自然哲学です。

シェリングの自然体験

ついでにいいますと、ヘーゲルとヘルダーリンとシェリングの三人は、三人ともにロマン派の発祥の地のひとつといわれるシュワーベン地方の出身です。この地方は昔から農民一揆《いっき》も非常に盛んだったところで、ドイツのすべての土地の特徴が集中的に現れている、といわれているくらい、地形の変化に富んだ、森の多い、美しい土地です。この美しい風土のなかで、シェリングは、フィヒテのもてなかったような、美的な自然体験を、子どものときから豊富に味わうのです。

フィヒテの場合、自分の魂のなかに、いわば圧倒的に大きな宇宙意志のようなものを感じ、それを道徳意志として体験するところから出発しましたが、シェリングも同じように、若いときから自我に目覚めた魂を自分のなかに体験します。そしてその魂が外なる自然と向き合ったときに、一見沈黙している自然が自分の深い心の奥底と通い合っているのではないか、という予感に衝き動かされます。

森や五月の牧場を散歩したりするとき、そのような予感と憧《あこが》れに満たされて、自然のいとなみと自分の内なる魂のいとなみとのあいだに、本質的に共鳴し、照応し合えるような、深い、秘密に満ちた関係があるのではないか、と感じるのです。そしてその予感を、十代の後半に自分が身につけたフィヒテの哲学でとらえ直そうとするのです。

年代からいうと、一七九〇年代の初めから半ばにかけて、一七九一年から九五年にかけてのことです。その頃のドイツは、ちょうどゲーテがイタリア旅行から帰ってきて、ワイマールにおいて新しい古典主義の時代を築こうとする時期ですし、ドイツ音楽の黄金時代がまさに始まろうとしていた時代です。そして文芸の方でも、ヴァッケンローダーやノヴァーリスやティークのような、初期ロマン派の詩人たちが活動を開始しようとしていました。

知的直観あるいは相貌術

若きシェリングは、心の内部でほぼ次のような感情をもつのです。――自分にとって、自然は今、沈黙したままでいる。けれども、もし自分の魂が、この沈黙した自然にかわって、その代弁をするための、いわば自然言語の発声器官になることができれば、自然は今までとはまったく違った秘密を語りはじめるのではないだろうか。いったいどうしたら、この眼の前の、ヴェールに覆われた自然の秘密が、自分に開示されるのだろうか。もし自分が内的必然性に衝き動かされて、なにかを語るとすれば、おそらくそのなかには、自然の本質そのものが語る内容が含まれているに違いない。だから自分は、まず無意識の奥深くにまで分け入って、その暗い世界をさまよわねばならないのだ。――そのようにシェリングは感じるのです。

もちろんシェリングは哲学者ですから、抽象的な哲学用語で語ります。「フィジオグノミー」というドイツ語は、人相、相貌《そうぼう》という意味ですが、シェリングは自然にも、ちょうど人間の顔に独特の表情がそのつど現れてくるように、眼の前に横たわっている自然にも、それぞれ独特の相貌が現れているに違いない。人相術が顔のなかに人間の魂を読みとるように、自然の相貌を読みとる相貌術が必要だ、と考えたのです。それが彼にとって、自然と自分の魂とのかけ橋になるべきだったのです。

シェリングにおける「知的直観」とは、この相貌術のことだといってもいいと思います。「知的直観」というのは大変な言葉です。カントは「知的直観」という言葉を、神様の意識という意味で使っていました。考えた内容がすぐに実現するような、いわば存在即思考であるような思考が、「知的直観」だ、というのです。直観とは思考を媒介せず、より直接的に存在とひとつになる能力であり、知性とは思考を通して、存在の本質を理解する能力なのですが、この二つの能力を同時に行使しうる可能性は、神にしか与えられていない。しかしこの二つの能力がなければ、物自体は把握できない、と考えたのです。

ところがシェリングは、それを人間能力の及ぶ範囲にまで引き下げ、自然の相貌を読みとる能力は、すでに「知的直観」である、と考えたのです。

『自然科学の夜の側面』

そこで、これも余談になりますが、青銅社という出版社から、ゴットヒルフ・ハインリヒ・シューベルトの『夢の象徴学』の翻訳が出ておりますが、『自然科学の夜の側面』という、これも非常におもしろい本も書いているこの著者はシェリングの弟子なのです。そしてイエーナ大学でシェリングの講義を聞いたときの印象記をのこしています。ちょうどシュテッフェンスがフィヒテの講義についての印象を書いているように、シューベルトも、その『回想録』のなかで、次のように書いているのです。

一般に、誰でも感覚的に知覚でき、体験できる自然現象について、誰かが語るのを聴く場合には、それを語る教師なり著述家なりが、その感覚内容や自然現象について、自分で体験したことを語っているのか、それとも誰かの受け売りで語っているのか、それとも勝手に空想して語っているのか、すぐにわかるだろう。……しかし、そういう外的な事柄と同じように、内的な経験についても、そのことは当てはまるはずだ。われわれの周囲の日常的な現実よりも、もっと高次の現実が疑いもなく存在している。ある教師なり、著述家なりが、われわれの内なるその高次の現実について語るときに、それを肉眼で見る外的自然について語るのと同じように語ることもできるし、受け売りで話すこともできるし、空想で話すこともできる。

そう述べたあとで、シューベルトは、シェリングの講義を聞いた当時、すでにわれわれ若い世代のなかに、シェリングが知的直観と名づけたものを予感する者がなん人もいた。そして、シェリングの講義を聞きながら、われわれの精神がすべての移ろいゆく存在の根拠を、そのような知的直観をもってとらえなければいけないのだと痛感していた、とつけ加えています。

ここでシューベルトがいおうとしていたのは、シェリングが哲学者であると同時に、非常に霊的な体験の豊かな人物であった、ということです。ですから、たとえばヴィンデルバントのような後年の哲学史家がいっているような、論理的な哲学体系をつくる必要から「自然哲学」を考案した、というのではなく、彼自身の非常に深い内的な体験をなんとか言葉にしようとして、『自然哲学』を書き、そして「知的直観」という概念を使ったのです。そのことをシェリングの講義を聞いたなん人かの若者が悟って、そのような「知的直観」を本当に自分のなかで深めていかなければいけない、と痛感させられた、というのです。

そして実際に、シューベルトの『自然科学の夜の側面』を読んでみますと、画家C・D・フリードリヒについての素晴らしい絵画論がそこに展開されていると同時に、夢や共感や予感が、自然の壮大ないとなみのなかで、本質的な役割りを演じている、と論じています。つまり、鉱物が生じ、植物が生じ、動物が生じ、そして人間が生じるその壮大な過程のなかへ、たえず未来の方からも、予感とか夢とか、共感作用とか憧れとかという霊的な力が流れ込んでおり、その力に衝き動かされて、自然そのもののいとなみがさまざまに進化発展を遂げていく、というのです。そのことが、じつに興味深く書かれています。

シューベルトがいうには、一般の学者だったら、奇蹟《きせき》とか信仰とか宗教とかとしてしか、とらえないであろうようなものも、本当に自然科学を深いところからとらえ直そうとすれば、どうしても考察の対象にせざるをえない。いわば現代における自然科学の夜の側面をもとらえる必要がある、というのです。そういう問題をシューベルト自身の内的な体験を通して、なんとか表現しようとしているのです。

そしてこのような自然認識のなかから、前にもいいましたように、フロイトやC・G・ユングの無意識の科学が生まれてきたのですし、現在のニュー・サイエンスの方向も、シュタイナーの人智学も、その延長上にある、といえるのです。

非我とはなにか

ヴィンデルバントの哲学史は非常に優れた業績だと思いますが、近代自然科学の合理主義的立場からそう離れていませんから、そういうロマン派の営為はけっきょく、自然科学に寄与することはできなかった、しかし自然を統一的な観点から見ようとした態度だけは評価できる、といういい方で、本質的な成果を無視しています。

要するに科学における夜の側面、無意識の側面、あるいは目的論的な観点は、その後になると、すべて切り捨てられてしまいます。けれども、今述べたことは、フィヒテの「自我は自分自身を定立する」という命題もしくは行為の、一つのバリエーションなのです。ドイツ観念論のもっとも本質的な業績は、そういう方向を徹底的に追求しようとした姿勢にあるのではないでしょうか。ですからその方向は、決定的にエソテリックであり、オカルト的だったのです。

それでは、フィヒテと違うシェリング哲学の特質はどこにあるのか、といいますと、彼はフィヒテと同じように、根源的な自我と、日常意識における人間自我とを区別します。そして根源的な自我は、シェリングにとっても、無意識なのです。無意識の哲学、あるいは無意識の心理学はここから始まるのですが、すでに述べましたフィヒテの言葉、「私は、私のなかに私でないものを置く」、哲学用語を使えば、「自我は、自我の中に非我を定立する」における「私でないもの」、つまり非我を、シェリングは自然と考えるのです。そしてその際の問題は、この非我が生成発展のプロセスを遂げて、第二の自我である人間を生み出すに至るまでの過程なのです。

前章で、弁証法はフィヒテから始まった、といいましたが、シェリングの場合にも弁証法的な発展過程がはっきり現れています。原初の、天地創造の発端の、無意識の神であった自我が、自分自身を意識しようとするとき、自分を意識化するために、自分の存在を自分以外のものによって、いわばそれを鏡にして、反省することが必要になります。ですから神もまた、自分自身を内的に体験できるためには、非我を定立せざるをえなくなり、そこから宇宙が始まるのです。古代のグノーシス派の言葉を用いれば、神の意志の力が物質となって流出するのです。そしてその流出した物質の世界が非我なのです。

そうしますと、非我とは神ではないものですから、つねに悪魔の影を背負っています。そして根源の自我である神のなかには、善の要素、真の要素、美の要素が潜在的にすべて含まれているはずなのです。

非我というのは、いい換えれば、その善も真も美も、内発的に存在していないのですから、それを人格的に表現すれば、悪魔的ということになります。

つまり、人間における自我が人間における神的部分であるとすれば、自我以外の意識内容の中には人間における悪魔的部分が含まれていることになります。こういうところから、シェリングは、悪の由来を説明していくのです。

感覚のはたす役割り

しかし、自然そのものは、もちろん百パーセント悪なのではなく、神から流出したという意味では、そのなかに神の要素を含んでいるのですが、いったん神から離れ、神のはたらきに反抗し、神のはたらきを制約するようになると、すでに悪のはたらきになってしまいます。そしてそのような悪が存在するのは、流出行為そのものの意図のなかに含まれているのです。つまり神がより良く自分自身を意識するために必要なことなのです。眠れる無意識の存在から目覚めた意識的な存在になるためには、悪の要素が必要なのです。

中世の神秘主義者たち、たとえばマイスター・エックハルトが「人間を叡智という都へ運ぶ乗り物は苦悩である」といった意味で、苦悩も悪も、叡智、つまり光や目覚めの方向へ導くための、いわば否定的な契機なのです。

そして人間におけるそのような否定的契機であり、アンチテーゼであるものは、シェリングにとっては感覚そのものなのです。人間は感覚を付与されたことによって、はじめて自分自身の内部に意識を生み出す契機、自己を意識する契機が与えられました。もしも人間に感覚がなければ、そもそも人間の知性は、一歩も歩みを進めることができません。たとえば生まれたばかりの子どもを、真暗な闇《やみ》のなかの、物音一つたたないような檻《おり》のなかに閉じ込めておけば、どんな優れた素質をもっていても、その子は自分自身の内部だけからでは、叡智を発展させることができません。人間の知性というのは、そもそもそのように受動的なあり方をしているのです。

感覚のはたらきが人間の意識に対して、否定的に、制限を加える刺激となってはたらきかけてくることは、人間の知性を育てる前提なのです。もしも感覚がもっぱら共感としてしか機能しなかったら、すべての嗅《にお》いがすてきな嗅いであり、すべての味がおいしく、すべての音が美しく、すべての触覚が気持のよいものであったとしたら、人間の魂は限りなく環境に埋没してしまうでしょう。そして意識を発達させることは不可能になるでしょう。

私たちが肉体を背負ってこの世を生きるとき、痛みを感じたり、まずいものを食べたり、騒音を耳にしたりするたびに、対象をより強く意識し、それを通して、自分自身をもより強く意識するようになります。

そういう意味では、神にとっての大自然も人間にとっての感覚的世界も、自我意識を目覚めさせるという意味では、同じはたらきをしている「非我」である、ということができます。

自然とはなにか

そこであらためて、シェリングに即して、自然とはなにかを定義するとしますと、自然とは自己意識的な叡智を生じさせるための、闇《やみ》から光へのプロセスの全体である、ということになります。そしてシェリングにとっての自然哲学とは、叡智の光へ向けて生成発展する精神の営為全体の歴史である、ということになります。

つまり、まったくの闇の意志が、しだいに鉱物的な精神となり、植物的な精神となり、動物的な精神となり、そしてついに人間的な精神にまで発展する、その生成のプロセス全体を体系的に記述する学問が自然哲学なのです。

この大自然の壮大な生成発展の過程の中で、無差別、未分化の根源意志の状態から、一方でプラスの要素が生じ、他方でマイナスの要素が生じます。あるいは引力と浮力、収縮と拡散とよんでもいいと思いますが、いずれにせよ、それは力の物質的形式が「両極性」となって現象せざるをえないのです。そしてこの両極性が有機体を生ぜしめ、感覚を生ぜしめ、そしてついに、人間の内部に主観と客観の分離を生じさせることによって、自然はその役割りを終えるのです。その場合、主観とは新たに生じた「自我」そのものですから、その自我のなかには、神的なはたらきと同質のものが含まれているはずなのです。

ですから、ここまでシェリングが、フィヒテの自我の哲学を発展させていったときに、次に問題になるのは、ではいかにしてその神的なはたらきを内在させている人間自我が、あの知的直観を身につけることができるようになるか、という行《ぎょう》なのですが、シェリングにとって、その行とは美的体験にほかならないのです。美的体験もしくは芸術体験こそ、知的直観による同一性の体験を具体的に可能にしてくれる近道なのです。

ドイツ・ロマン派の精神史的意味

もちろん芸術体験以外にも、オカルト的な修行によって獲得される霊的な体験も、知的直観を可能にしてくれます。しかしオカルティズム、もしくは神秘学は、知的直観へ至る究極の道ではあるにしても、もっと日常的な次元での芸術体験も、この知的直観、あるいは同一性の体験を可能にしてくれます。

そして、この考え方が、先ほどいいました、一七九〇年代に出てきたときに、この思想を受けて、ドイツで大規模に展開された芸術運動が、ドイツ・ロマン派の運動だったのです。

ドイツ・ロマン派の重要な精神史的意味は、この同一性の体験を美的体験の基礎に据えた芸術運動だったということです。ですから芸術から秘儀への道、それがロマン派の求めた道でした。

この一七九〇年代という時期からのドイツの思想の流れを、今いったような観点から、もう一度眺めてみましょう。ベートーヴェン、ノヴァーリス、ゲーテ、シラー、そういう人びとから始まり、さらに十九世紀後半から二十世紀にかけて、たとえばシヨーペンハウエル、ワーグナー、ニーチェ、パウル・クレー、リルケ、ルドルフ・シュタイナー、C・G・ユング、そういう人たちに至るまで、すべて芸術から秘儀への道を、今いいました意味で歩んでいるのです。

そこでまず、ロマン派におけるその流れを辿ってみましょう。そのために、ヴァッケンローダーとノヴァーリスとそれから神秘学者でもあり、美学者でもあったゾルガーの三人を取りあげ、そのあとでゲーテの問題に入っていこうと思います。

ヴァッケンローダーの芸術論

ヴァッケンローダー（一七七三―九八年）の主著『芸術を愛する一修道僧の真情の披《ひ》瀝《れき》』は岩波文庫にその翻訳が出ています。それから終戦直前の昭和十八年か十九年頃に、彼の『芸術幻想』という本も、同じ江川英一氏の訳で出ていました。ものの ほとんどなかった時代に、ヴァッケンローダーのこの本が出た、ということに、当時幼いながら非常に感動したことを憶《おぼ》えています。

ヴァッケンローダーは初期ロマン派の代表的な詩人のひとりですが、多くのロマン主義者たちと同じように、夭折《ようせつ》しました。『芸術を愛する一修道僧の真情の披瀝』は、一七九七年に出ました。著者は二十四歳でした。ちょうどシェリングの『自然哲学』

が出た時期です。

この書の中心的なテーマは、芸術家は苦行者である、ということです。芸術家と行《ぎょう》人《にん》、芸術鑑賞者と司祭、芸術鑑賞と祈り、それから美術館と神殿が同じものとして対比され、秘儀と芸術の同一性の立場で、芸術論を展開しています。明らかに、知的直観を体験する手だてとして、芸術論を展開しているのです。

読んでいきますと、芸術が一種の宗教的な象徴体系としてとらえられています。芸術に本当に感動をもって向き合うことができれば、その感動は同時に道徳的な感動となり、それによって得られる浄福感は、まったくキリスト教的な意味での宗教体験になる、というのです。

その際、二人の人物のことが語られています。一人は造形芸術を愛する敬虔《けいけん》な修道僧で、もう一人はその友人で、非常に近代的なセンスをもった、ベートーヴェンのような音楽家、ヨーゼフ・ベルリヒンガーです。ある部分ではベルリヒンガーの想《おも》いが文章になって述べられ、別のところでは、芸術を愛する修道僧が、自分の芸術体験を、特にイタリア・ルネサンスの美術やドイツのデューラーの芸術を通して語っています。興味があるのは、その音楽家の方なのです。彼の芸術体験は道徳的ではなく、しだいにいわば魔術的、悪魔的になっていきます。ベルリヒンガーは、自分が音楽を聴いて感動するとき、その感動がなにか非常に暗い、内的な衝動となって現れてくる、と感じます。そして、自分の心の奥底から湧き上ってくるその暗い衝動がなんなのか、どうしても知りたい、という想いにとらわれるのです。

象徴について

たとえばこんなことが書いてあります。岩波文庫の六六頁のところですが、「芸術にも暗い感情が、秘密の道を通って人間の心に注がれてくる。このような暗い感情は或る時は人間の姿を通して語り、或る時は音楽の象徴的な言語を通して語る。そのような暗い、秘密に満ちた内容を言葉が語れば語るほど、ますますその音楽は、或いはその芸術は普遍的な形で我々の本性に訴えかけてくるものだ。」「我々がキリスト教徒として敬虔な態度をとろうとするあまり、このように我々のところに、まるでヴェールを顔にまとった天使のように降りてくるこの暗い感情を、傲慢《ごうまん》にも退けて良いだろうか。むしろ私はこの暗い、判《わか》らないけれども暗いこの感情を謙虚な気持で崇《あが》めたい。」

こうしてヴァッケンローダーが、暗い感情について語っているうちに、しだいにわかってくることは、ある芸術作品が、いわば「自我が自分自身を定立する」という意味で、一つの完成された姿を現せば現すほど、それに対して人間は非常に暗い、しかし強烈な感情を持って、その作品に向わざるをえない。そういう意味では、自分が「暗い感情」と名づけたその感情は、いわば楽しかったり、こころよかったりするよりも、より本質的に、一つの認識の手段になる。そして「自我が自分自身を定立する」という宇宙の秘密を、いわばアナロジーのようなかたちで、芸術作品が表現するとき、そこに生じる暗い感情こそ、客観と主観との同一性の体験へと誘《いざな》う、もっとも根源的な衝動なのではないだろうか。そう考えるようになるのです。

このように一人ひとりの人間の心のなかに、名づけがたい、非合理的で暗い感情をよび起こすようなものを、ヴァッケンローダーは象徴と名づけます。ですから真の芸術はすべて象徴なのです。象徴というのは、シェリングの場合の「相貌《そうぼう》」という概念と同じ内容を示しています。「相貌」とは象徴のことなのです。

そういうことを若いヴァッケンローダーは考え、そしてその考えを発展させることなく、この世を去ります。そしてその思想を受け継いだのが、有名なノヴァーリス(一七七二―一八〇一年)なのです。

象徴文学としての『青い花』

ノヴァーリスはヴァッケンローダーの、今いいました「暗い感情」を深く把握しなおします。そして象徴論に関して、非常に重要な貢献をするのです。

ノヴァーリスのことをそういう関連で考えてみますと、ノヴァーリスについて簡単には語れなくなります。彼の唯一《ゆいいつ》の長篇小説『ハインリヒ・フォン・オフターディンゲン』(邦訳名『青い花』)は、何種類か日本語の翻訳が出ています。しかし今読みますと、ノヴァーリスがオカルト的な意味を込めて書いた部分は、ほとんどそのようなニュアンスでは伝わってきません。それはしかたのないことで、神秘学的な概念をふんだんに織り込んで書いた象徴的な文学ですから、そういうかたちで訳していかないと、意味が通じにくいのです。この小説では、未完に終わった第二部が特にすごいのですけれども、第一部とその第二部をつなぐところに、非常に長い童話がつけ加えられています。その童話はあらゆる童話文学のなかでも、最高に黙示録的な秘密に満ちた、すごく刺激的な童話です。この童話に関しては昔からいろいろな解釈があります。

私の知っているのでは、かつてフィヒテのパトロンだったミルピッツという東ドイツの貴族がおりました。ノヴァーリスはこのミルピッツの親戚《しんせき》でした。ノヴァーリスの本名は、フリードリヒ・フォン・ハルデンベルクといいますが、ハルデンベルク家とミルピッツ家は親戚づきあいをしていたのです。そのミルピッツの子孫で、私がお会いした一九六〇年代の中頃、八十歳ぐらいだった女性が、ルドルフ・シュタイナーの研究家でした。

東ドイツから移ってきて、あるサナトリウムで療養生活を送りながら、ノヴァーリスのこの黙示録的な童話について素晴らしい解釈を加えた本を出したのですが、神秘学的な観点から、ノヴァーリスの思想を掘り下げています。

霊的体験をえる方法

しかし、ここで取りあげたいのは、この童話のことではなく、童話ともエッセイとも、小説ともつかない『ザイスの弟子達』という、やはり未完の作品の方です。

その『ザイスの弟子達』は、ノヴァーリスの、まさに同一哲学へのアプローチの方法、いかにして主観と客観の同一性が体験できるか、ということを述べているのです。

そして、その方法は、ギリシアの秘儀ではなく、ノヴァーリスが霊的に体験したエジプトの秘儀を土台にしています。ですからザイスというエジプトの土地の名を書名に選んでいます。ちょうど古代エジプトの彫像がそうであるように、無限の彼方《かなた》へ向って、凝視するというよりも、なにかひたすら耳を傾けているような、そういう独特な古代エジプトの秘儀の雰囲気がこの文章の中にも濃厚に現れています。

そのなかに、ロマン的態度とは本質的にどのようなものか、を論じている箇所があるのです。ロマン的態度、いい換えると、主観と客観の同一性の方向、あるいは知的直観の方法、それは日常的な意識のなかには見出せない、ある新しい質の意識をもつことであり、その新しい意識を獲得するためには、二つの道がある、というのです。

第一の道は、自然を通ってゆく道です。それに対して、第二の道は、心の内部を通っていくのです。

第一の道を通ってゆくための必要条件は、五つあります。ひとつは、毎日、忍耐強く繰り返していくことです。ちょうど水滴が岩の同じところに一滴一滴落ちていくと、ついにはその岩の部分に穴があくように、毎日絶えることなくひとつの単純な行を繰り返してゆくと、それが道を進むことになる、というのです。第二は、どんなかすかな変化にも注意を注ぐことです。第三は、できるだけ想像力を豊かにするように、日頃心がけることです。第四は、自分のすべての感覚を、できるだけ目覚めさせることです。そして第五は、畏敬《いけい》の念と憧《あこが》れの感情を大切にすることです。

これはノヴァーリスにとっての、知的直観へ至る第一の道の五つの条件です。

次に第二の、心の内部を通っていく道については、『ザイスの弟子達』は、「この道の入口は、夢もしくはファンタジーの世界である」、といっています。そして彼の有名な断章のなかにはこれについてのいろいろな興味ある言葉があります。たとえば「内部へと秘密の道が通じている」という有名な長い文章が、『花粉』という断章集のなかに出てきます。これはおそらくドイツ・ロマン派の、オカルティズムをもっともよく描いている言葉だと思います。自分の心のなかに、今は闇《やみ》がたちこめているけれども、その闇が去ったときには、自分はまったく新しい霊的体験がもてるだろう、と書いてあります。

この内部への秘密の道を歩むための条件としては、次の三つがあげられています。

創造的ファンタジーについて

第一は、自分の内部にファンタジーが生まれてくるプロセスに注意を向けることです。夢のファンタジーでも、昼間のファンタジーでも、自分の内部から湧き起こってくるファンタジーのイメージに注意を向けるのです。

次に、ファンタジーを形成するそのプロセスのなかには、重要な一点があることに気づかなければなりません。夢のファンタジーでも、芸術のファンタジーでも、ひとつのそのような点があるのです。それは創造的で生産的な点なのです。

次に、この生産的なエネルギーのこもった一点にあらゆる注意力を集中すると、その一点こそ、「自我が自分自身を定立する」その一点だ、ということがわかってくるというのです。ですから、創造的なファンタジー、あるいはゲーテやシラーがつねに問題にした生産的ファンタジーを体験しようと思ったら、私たちの内なるイマジネーションのなかに、核になる一点を見つけ出すことができなければなりません。

そして第三に、そのときはじめて、新しい種類の知覚が、不思議なしかたで生じてくるのに気づくであろう、というのです。

これがノヴァーリスの『ザイスの弟子達』の、今いいました問題に対する答えです。ところがおもしろいことに、さらに読み進んでいきますと、ノヴァーリスは、「しかしこの第一の道と第二の道は、先へ進んでいくと一つに合流する」というのです。「なぜなら、全自然は、理性的な認識者が理解する道でもあるから」なのです。「もし人が自己の存在の根源的な機能へと戻っていくなら、いい換えれば、あの主要な点、生産的な点へ戻っていくならば、そこにおいてこそ創造と認識とが一つであるこの地点にまで戻っていくならば、あるいは享受することと創造することとが一つであるような地点に戻っていくならば、人は自分の内部で、大自然の生成のプロセスが、一つの現実として、一つの原像として、展開されるのを体験するであろう。」そんないい方をしています。

知的直観をめぐる芸術運動

これは難しいいい方をしているように見えますが、非常に明快に語られています。これも「自我は自分自身を定立する」、ということの、ロマン的表現なのです。ですから、ゲーテが語った、自然の作品と芸術の作品とが同じだという立場や、シェリングがいった、存在と思考とは同じだという立場が、ノヴァーリスの場合には、このようにいい換えられているのです。そしてノヴァーリスは、この立場を、魔術的観念論と呼んでいます。

この一点が体験できるということは魔術的観念論の考え方に立つということであり、そのときのその人は魔術師になっている、というのです。

魔術という言葉に対するノヴァーリスの理解のしかたは、非常に独特です。その理解のしかたは、フランスのヴィクトル・ユーゴーやボードレールによって、熱狂的に受け入れられました。ボードレールの『悪の華』にある「コレスポンダンス」という有名な詩は、まさにこの魔術的観念論を詩に歌いあげたものだとも言えます。それは十九世紀末の象徴主義の美学の基礎にもなっています。

そしてその象徴主義の美学が、ドイツ・ロマン派の、特にノヴァーリスの思想を、魔術的観念論の意味で復活させた頃、ちょうどときを同じくして、ロシアから、ヘレナ・ペトロヴナ・ブラヴァツキーが現れて、神智学を創始し、古代の秘儀に新しい光を投げかけました。そしてその神智学がギリシアの秘儀の伝統を受けついだ音楽家である、リヒアルト・ワーグナーの弟子たちと結びつき、マダム・ブラヴァツキー、ワーグナー、象徴主義という三つの柱の上に、新しい芸術運動が世紀末に展開されるのです。

その新しい芸術観の内容を見てみますと、すべてが一点をめぐって展開されています。すなわち知的直観をどう具体的に、一人ひとりの内部で体験することができるか、という一点です。ブラヴァツキーはそれを、神智学の方法で教え、ワーグナーは音と言葉による舞台の世界で、象徴主義の美学は、それをノヴァーリス的な意味の象徴学あるいは相貌学《そうぼうがく》によって教えるのです。

実証主義の時代

さて、最後に申しあげたいのは、ゾルガー（一七八〇―一八一九年）についてです。彼は今いいました同一性の哲学を、非常に新しいかたちでとらえ直しています。つまり、「イロニー」という概念を導入しているのです。

いい残しましたが、ドイツ語の「イデー」という言葉が、今述べている時代の観念論哲学のなかに、一貫して生きていました。というよりも、イデーの立場をとる哲学のことを、イデアリスムス、つまり観念論というのです。

そしてイデーの実在性をめぐって、十九世紀の哲学は大きく二つに分れます。イデーを存在の根底に据える立場が観念論、イデーそのものは物質を離れては存在しない、という立場が実証主義もしくは唯物論です。実証主義は、観念論の批判からはじまります。観念論、つまりイデーから存在を演繹《えんえき》する立場を否定して、イデーではなく、実際に実証できるものだけが存在するという立場に立ちます。広い意味の唯物論が実証主義という形式をとって現れるのです。ですから近代唯物論は、哲学の流れからいうと、実証主義に組み入れられます。経験できるものだけが認識の対象になる、と主張する経験主義も、この実証主義のひとつです。

十九世紀の後半は、観念論の哲学がこの実証主義によって克服される過程を示しているともいえるのですが、その過程は、近代資本主義の方向に沿って、この世の現実をそのまま肯定する立場によって秘儀の伝統が否定される過程であるともいえます。そして二十世紀はそのことのツケを支払うための、戦乱に明け暮れる百年間であったともいえます。

シェリングの場合、「イデー」とは、絶対者が自分自身を直観するときの自己直観の形式でした。絶対者のことをいい換えて、自我といっても、神といってもいいのです。神の自己直観の形式もイデーですし、自我の自己直観の形式もイデーなのです。

イデーとイロニー

そしてゾルガーもまた、広い意味のロマン派であり、観念論者ですから、「イデー」を問題にしているのですが、イデーを認めるか認めないかは、理論的には把握できない、といっています。ゾルガーは、——これはゲーテ以来、ロマン派、あるいは古典派の人びとが好んでいう意見なのですが——認識や観点に留まる態度、もっぱら考察に終始する態度では、イデーはとらえられない。そういう態度では、けっきょくは唯物論にならざるをえない、と考えています。イデーが切実な意味をもつようになるのは、私たちが創造的になったとき、その創造の意味が分りはじめたときだというのです。

ですから、自分が創造的な態度をとらないかぎり、イデーは人間から永遠に隠されており、そして創造的な瞬間が持てたとき、予感として、あるいはアナロジーを通して、イデーが見えてくる、というのです。

ですから、ゲーテはシラーに対して、私には植物のイデーが見える、というようないい方ができたのです。

そこで、ゾルガーもまた、イデー、あるいは無限なるものは、芸術体験を通してはじめて見えるものになる、と考えました。つまりクレーがロマン派の影響の下に述べているように、「見えないものを見えるものにする」ことが、ゾルガーにとっても芸術の課題なのですが、しかし逆にいえば、そのようなイデーがそもそも存在しないところでは、本当の芸術作品は存在しえないのです。

イデーは無限なるものですが、芸術作品は有限なるもので、時間、空間という有限な形式のなかに閉じ込められています。有限な現象形式である芸術作品のなかで、無限な存在であるイデーが、どのようにして見えるものになるのでしょうか。それはゾルガーによれば、芸術作品という現象形式のなかに留まり続けながら、その現象形式をあくまで否定しようとする態度として現れる、というのです。そしてそのような態度がイロニーなのです。

現象形式、たとえばキャンバスという現象形式に留まりながら、あるいは油絵具という現象形式を用いながら、たえずその現象形式を否定しようとする態度がもてるときにはじめて、イデーがイロニーを通して現れてくる、というのです。

ところがイロニーというのは、たえず否定するはたらきですから、一方ではイデーをそのものをも否定しようとします。あるときは現象のなかに留まりながら、イデーを否定し、あるときには現象のなかに留まりながら、現象そのものをも否定します。イデーをも、現象をも否定する、そういう「否定する契機」がイロニーなのです。そしてあるときには現象を否定し、あるときにはイデーを否定するうちに、無限なるものと有限なるものとが相互に浸透しあう状況が生じるのです。そしてそれがロマン的ということだ、というのです。

イロニーとしての芸術

そういう意味でゾルガーは、イロニーを「ロマン的イロニー」ともよんでいます。ゲーテが『ファウスト』のなかで、「人間は努力する限り迷うものだ」といっていますけれども、その「迷う」態度をゾルガーの「イロニー」という言葉にいい換えることもできると思います。

たとえば、酒を呑《の》むことが、理念を否定して、現象の側につくことになるとします。その人があるときはお酒を呑み、別のときは酒を呑んだ自分に絶望する、ということを繰り返すとします。それもゾルガーによれば、ロマン的イロニーなのです。しかしつねに酒を否定するだけですと、——この場合の酒というのはもちろん比喩に過ぎないのですが、——つまりたえず自分を百パーセント清らかな存在にして、つねに正しい自分を表現していますと、その態度でも、ゾルガーの立場からいいますと、イデーは見えてこないのです。清く、正しくという、いわば現象形式のなかに閉じこもってしまうからです。

ところが、清い、浄化された自分だけでなく、自分でも説明できないような、非合理的な、暗い感情も一方にあって、その両方のあいだを生きているようなときには、無限なるイデーについての予感が目覚めてくるのです。

そして芸術というのは、まさに絶対者と現象形式、あるいは無限と有限のギリギリの境のところに、非常な緊張をともなって立っている姿なのです。ですから芸術行為というのは、今いいましたイロニーの行為であって、ある瞬間には現象の側について、イデーを否定するし、別の瞬間には理念の側に立って、現象を否定するのです。そういう本質と現象との分岐点に立って、その両方を同時に存在させるような、そういう体験を、芸術は「イロニー」を通して体験させるのです。

そしてそのような体験が可能にする芸術が象徴的なのです。

ところが、シンボルとイロニーとは、その意味がぴったり重なりあいません。イロニーというのは、本質と現象のあいだを揺れ動くことですし、シンボルというのは、いわばその両者に橋をかけることです。現実の人間の一人ひとりはイロニーの態度をとります。そしてイロニーの態度をとって、あるときは大きな喜びを感じ、あるときは深い絶望を感じるような大きく揺れ動く人生のなかで、予感のように、または比喩《ひゆ》として、無限なものに触れるとき、私たちはその人生の中に象徴を体験するのです。

ゾルガーの『エルヴィン』

ゾルガーはそのことを『エルヴィン』という有名な美学に関する対話篇のなかで述べています。アーデルベルトとアンセルムという二人の人物が議論するのですが、観念論者であるアンセルムはアーデルベルトに対して、次のように語ります。

「忠告しておきたい。感覚で把握できる現象世界からいったん離れて、眼をもっと高い理念の領域へ向けるようにしてみてくれ。」芸術を体験しようとするのなら、現象形式の中に留まらないで、そこに現れてくるイデーの表現に注意すべきなのだ。芸術作品そのものが芸術の本来の目標なのではない。芸術家がその作品のなかで表現しようと努めながら、すぐに表現できないでいるイデーこそが芸術行為の目標なのだ。そうアンセルムは語ります。

それに対して、ゾルガーの分身であるアーデルベルトは答えます。――「しかし芸術の作品そのもの、物質的な形姿そのものが、同時に内的なものなのではないだろうか。逆にいえば、芸術作品における内的なものは、同時に外的なものなのではないだろうか。」もしアンセルムのような見方をすれば、芸術作品はすべて記号とアレゴリーになってしまう。しかし芸術作品というのは、本来シンボルであって、アレゴリーではない。シンボルの意味はいつも把握できるとは限らないが、ちょうど聖杯（グラール）の体験のように、きのうはぜんぜん見えなかったのに、今日は見える、というようなものだ。ある瞬間に、思いもかけぬしかたで、その作品そのもののなかから、突然現れてくるようなものが、イデーなのではないだろうか。そうアーデルベルトは語ります。

ところがさらに読んでいきますと、ゾルガーはアレゴリーを否定するのかというと、否定はしません。シンボルとアレゴリーをともに大事なものと考えています。普通のロマン派は、すぐに象徴、シンボルを大切にするあまり、アレゴリーを否定してしまうけれども、本当からいえば、アレゴリーとシンボルとは両立して、たがいに葛藤《かっとう》を芸術作品のなかで生じさせるときが、本当のイロニーを表現できるときだ。生きいきとした芸術というのは、明らかに思想性を作品のなかに込めているし、それと同時にフォルムのなかに内在するシンボルをも表現している。その両方は、どちらが優れているる、どちらが優れていない、とはいえない。イデーとフォルムの両者が、たがいに緊張関係をもって両立しているときが、本当のロマン的イロニーの存在するときなのだ。彼はそう語っています。

したがって、結論のところでは次のようにもいいます。古代ギリシアの古典美術、古典文学、あるいは神話のなかに、シンボルが存在するとすれば、キリスト教的な精神の表現である、キリスト教美術や近代芸術のなかには、アレゴリーが存在している。そして我々が古典的なシンボルとロマン的なアレゴリーとを、二つながらに緊張した関係として、イロニーを通して把握できるようになることが、現代における真の芸術体験を可能にする。――そういういい方で終わっているのです。

以上、同一性の哲学から美的な体験の問題までたどってきました。そしてこのような思想の流れのなかに、ルドルフ・シュタイナーの若いときの、精神的な風土があったのです。そういう風土にひたりながら、若きシュタイナーは、自分自身のオカルト的、秘教的な哲学を展開する準備をおこなっていたのです。

それでは次に、ヘーゲル、ゲーテからシュタイナーの哲学へと入っていこうと思います。

Ⅳ　ヘーゲルとその学派

シャーキャムーニの自覚

これから、ヘーゲルのことを取りあげようと思うのですが、その前に、あらかじめ筑摩書房から出ているシリーズ「日本の仏教」の第十五巻、渡辺照宏《しょうこう》著『日本仏教のこころ』にふれておきたいのです。ヘーゲルについて考えるうえでも、この本は非常に具体的で刺激的な問題を提起しているからです。

特にその第三章「感性的世界」では、冒頭に、直接ヘーゲルを引用しつつ、これから私たちが取り扱おうとする感性的世界の本質が論じられています。

ヘーゲルが感性的世界をどう考えていたか、そしてオカルティズムが感性的世界にどう関わるのか、さらにルドルフ・シュタイナーが感性的世界をどのように内面化し、霊化しようとするのか、それがこれから取りあげようとする問題です。

『日本仏教のこころ』の七九頁の「欲界の支配者、マーラ」についてのところに、シャーキャムーニが仏陀《ぶっだ》としての自覚をもつに至る過程が描かれています。

自覚というのは、フィヒテ以来、私たちの問題にとっても重要な、自己認識や自己意識にも通じる概念ですが、仏教における「自覚」とは、「感性的世界」に対する態度のことだというのです。

シャーキャムーニは二十九歳で出家し、六年のあいだ、なん人もの宗教家の門を叩《たた》いたあとで、最後にガヤーの町の郊外の林のなかで、ただ一人瞑想《めいそう》にふけり、ついにあらゆる悩みを超克して仏陀、すなわち目覚めた者となったのですが、悟りを開くときに、「感性的世界」の最高の支配者である魔王マーラに、そのことを伝えないで悟ってしまうことは、宇宙的な法則に反すると考えた菩薩《ぼさつ》、つまりシャーキャムーニは、マーラに警告を発するのです。するとマーラは、自分の娘たちに命じて、菩薩を誘惑させようとしたりして、あらゆる試みをするのですが、敗北してしまいます。このマーラに対する勝利によって、菩薩の無上正等覚《むじょうしょうとうがく》が決定し、ここに仏陀が地上に出現しました。

渡辺氏によりますと、マーラ・パーピーヤスというのは、ただの悪魔ではなく、欲界の最高の指導者で、最高の支配者なのです。我々の普通の経験的世界、この世の経験によって知りうる世界のすべては、本能的な欲望に支配されていますから、「欲界」と仏教ではよばれているのですが、一方で仏陀が悟りを達成し、同時にそれによっている、魔王を克服するという、二重の構造が、仏教のひとつの重要な思想の根拠になっている、というのです。そしてこれに続いて、渡辺氏が取りあげているのが、ヘーゲルの

『精神現象学』なのです。かなりの長文ですが、まず彼の文章をそのまま引用させていただきます。

渡辺照宏と『精神現象学』

自覚以前の人間の生活は、すべてマーラの支配のもとにある、と言うことができる。欲界という言葉を感性、あるいは感覚と置きかえても良いであろう。……動物は自分の本能を表象として持つことはできない。だから動物の場合、本能はあっても意欲というものは持たない。しかるに人間は本能的に行動する場合でさえも、はっきりとした目標を表象として持っている。そしてその表象に従って行動する。だからたとえその後で、自分の行動を後悔するような場合でも、人間は盲目的な本能の他に必ず、表象を伴った意欲を持っている。だからこそ後悔することがあるのである。意欲を持つということも後悔するということも、人間の特権なのである。

しかし人間の行動を決定する重要な要因は意欲よりも、むしろ知である。知と言っても様々であるが、ここでは知っている、或いは知っていると思うこと、を指している。動物には本能はあっても知はないが、人間は最も単純な存在においてさえも知がある。知っているという、そういう能力がある。厳密に言えば、直接的な知、すなわち直接なものについて、つまり現に存在しているものについての知である。従ってその際の態度もまた直接的なのであって、目の前にあるものをただ受け入れるに過ぎない。与えられたものについて、変更を加えないで、ただそれを受け入れるに留まり、概念として把握するのではない。つまり、感覚的な確実さだけをその知は所有している。これはこういうものだと思い込むだけである。

ところが、このような感覚的な確実さの内容は、いつも非常に具体的だから、感覚的な確実さがある限り、非常に豊かな認識があるかのように人々は思っている。いや、無限に豊富な認識を所有していると、人々はこの直接的な知を通して考えている。そしてこの確実さは、真実なものだ、と思っている。なぜかと言うと、そこでは対象をそっくりそのまま完全に保存しているからである。

対象をそっくりそのまま完全に保存しているというのは、たとえば月なら月を我々が眺めているときのその月というのは、対象をそっくりそのまま我々の意識が完全に保存している、と思うような、そういう直接的な知識の受けとり方のことです。

ところが実を言うと、このような感覚的な確実さというものほど、抽象的で、かつ貧弱な真理というものはないのである。

つまり、そこで言われているのは、ただ、あるからあるのだ、ということに過ぎず、自分はそう思うのだという、最も空虚な自我があるに過ぎないのだ。

渡辺照宏氏はこのように述べたあと、以上の一文は自分の言葉ではなく、ヘーゲルの『精神現象学』のうち「感覚的な確実さ、このものと思い込むこと」の初めの部分を、ほとんど文字通り翻訳したものだ。しかしここでいわなければならないことを、これ以上適切に表現する方法が思いつけなかったので、この有名なヘーゲルの文を、そっくり借用したのだ、と述べています。

『精神現象学』という本は、日本でもいくつかの翻訳で出ていますが、じつに壮大な展望の下に書かれた本で、宗教にしろ、芸術にしろ、文学にしろ、法律にしろ、あらゆる問題がひとつの統一的な観点のもとに論じられているのですが、その冒頭の一節は、意識に関する問題です。そしてその意識の成立のプロセスの発端に、ここで取りあげられている、「感覚的な確実さ、このものと思い込むこと」について述べられているのです。

仏陀の成道

渡辺照宏氏によれば、宗教体験は、ここでヘーゲルのいう直接的な知がその土台になっている場合がほとんどなのです。

たとえば病気で苦しんでいるAさんに対して、Bさんが、Cという超能力者は病気を治す力がある。現に私もこのように治してもらった。だからあなたも早く行って治してもらいなさい、といったとすると、そのいい方は、ちょうどヘーゲルが『精神現象学』の冒頭で、「直接的な知」といったことにあてはまります。現にこの通り治ったのだから、という論理は多くの人びとにとってこの上なく魅力的なひびきをもっていますが、この論理のなかでしか生きられないのが、この世の人生だとすれば、この人生はいずれにせよ、マーラの支配下にあるといわざるをえないのです。

ヘーゲルは、このマーラの支配下での確実さというものは、じつはもっとも抽象的で、かつもっとも貧弱な真理なのだ、と強調しています。

既成宗教でも新宗教でも、人びとは多くの場合、現世利益《りやく》中心の態度で感覚的な世界のなかでの信仰生活を送っている。日本の仏教の受容のしかたも、そのような態度に終始してきた。しかしそれは仏教の本質ではない。そう述べたあとで、渡辺氏は降《ごう》魔《ま》、つまり魔王を克服することの意味を論じ、そして特に感性と霊性の戦いを勝ちぬいたシャーキャムーニの成道《じょうどう》を、それ自体、比類のない世界史の、一回限りの出来事としてとらえることの大切さを強調しています。世界の人びとがそのことを知っていようが、いまいが、そういうことには関わりなく、仏陀の成道によって、世界史は大きく、その前後に区別される。仏陀の成道は、単なる意識から自己意識へ、単なる感性から、自己意識的な霊性への転機を実現したという点で、比類のない出来事だった、というのです。

この点で、渡辺照宏氏の把握した仏教観は、いわばヘーゲル的な観念論哲学の上に立って考えていながら、ちょうどルドルフ・シュタイナーが、キリストの出現を世界史上一回限りの出来事であり、ゴルゴタの秘蹟は、天上の神と大地の人間との出会いにおいて比類のない意味をもつ、と述べていたことを承《う》けるようなかたちで、仏教の成立も、人類の意識の成立史上、一回限りの、比類のない出来事だった、と主張しているのです。

シュタイナーと渡辺照宏

そういう歴史的感覚は、これはちょっと話が脇道《わきみち》にそれてしまいますが、オカルティスト（神秘学徒）であることのひとつの証拠なのです。

渡辺氏がこのように仏教をとらえているということは、渡辺氏のなかにオカルト的な発想があるからだといえます。

そういうことがあったので、以前はじめてシュタイナーの邦訳の著作集を出すことになったときに、渡辺照宏氏に頼んで、推薦文を書いてもらったことがあります。それは渡辺氏が亡くなられる数か月前のことでしたが、電話をかけてみたら、彼は「自分がシュタイナーに興味を持っていることをどうして知ったのか」ときかれるのです。渡辺氏の文章を読めば、シュタイナーを知っていることがおのずとわかるような気がする、と答えましたら、「じつは、もう少し仕事に余裕があったら、自分はシュタイナーの研究をしただろうと思う」、といっておられました。しかし残念ながら自分は病身で、四十代の十年間、ほとんどなにもできずに病床で生活しなければならなかったし、自分にとっては仏教の本質を考えることが生涯の課題だと思う。だからシュタイナーを日本に紹介する仕事は是非やってくれ、といわれました。最後に、普通は紹介文のような依頼はいっさい断っているが、シュタイナーなので、断るわけにいかない、といわれて、素晴らしい紹介文を書いて下さったのです。

このような私的な思い出をつけ加えたのは、シュタイナーがヨーロッパの精神史の立場に立って、キリスト教を深く、意識の進化史のなかでとらえたように、渡辺氏もそういうしかたで仏教をとらえようとしていることに、氏の大きな使命感を感じさせられたからです。そしてシュタイナーも渡辺照宏氏も、ともにヘーゲルを前提にしていることが、私には非常に重要なことに思えるのです。

現代においては、東洋でも西洋でも、宗教なり思想なりの問題を本質的に展開しようと思ったら、やはりフィヒテからヘーゲルに至るドイツ観念論の、前章までに取りあげたあの問題意識と対決することが、決定的な意味をもつことになると思うのです。

仏教における感性的世界

そこで、感性的世界を支配する魔王のことなのですが、シュタイナーの言葉では、それをアーリマンといいます。

我々が感覚を通して把握しているこの地上の世界は、たとえば原子爆弾が投下されれば、たちまち地獄のような世界になってしまいます。食糧がなくなっても、たちまち大変な苦しみがはじまります。いつ途方もない苦しみがおそってくるかわからないような、そういうなかで、いかにも平和であるかのように存在している世界、それを魔王の世界というのです。

そういう世界は、神が支配しているのではなく、魔王が支配している、という考え方が仏教以来あるわけです。

仏教以前には、そういう考え方はなかったのです。ですから、そういう考え方をするようになったことが、仏教の世界史的な意味なのだ、と渡辺氏はいうのですが、キリストもいよいよ地上の救済の事業をはじめようとしたときに、やはり悪魔の誘惑を受け、そして、お前を地上の世界の支配者にしよう、といわれました。つまり、お前を魔王にしてあげよう、といわれたわけです。キリストはなんと答えたかといえば、「サタンよ、退け」といいました。このことは仏陀のマーラに対する態度とまったく同じです。

キリストもまず「この世の君主」である悪魔と出会うところからはじめ、仏陀の悟りもやはり魔王との出会いが前提となっています。ただ、仏陀は自分の方から魔王に、自分はこうなるから、そのつもりでいてくれ、といういい方をしている点が東洋的である、といえるかもしれません。

いずれにしても、感性的世界がアーリマンやマーラの支配する世界だということが、前提になっています。このことを是非考えなければならないのです。

なぜかというと、いまだにオカルティズムを感性の世界と結びつけて考える人が多いからです。

たとえば、オカルティストなら、自分の財布にいくらお金が入っているかわかるだろうとか、手で触れないで磁針を動かせるだろうとか、病気が治せるだろうとかと考えるのです。逆にいうと、そういうことができなければ、オカルティストでない、というのです。

そういう考え方ができるのは、感性的世界の認識の上に立って、直接知っているものを確実なものだと思っているからなのです。ですからそれは、悪魔の考え方になっています。魔王なら、そういうことができるでしょう。相手の財布の中身が数えられるし、病気も治せます。なぜなら、感性的世界を支配しているのですから。フィヒテからヘーゲルまでの思想の営為は、その感性的世界をどう超越するかに向けられていたのです。

ヘーゲルに向きあうシュタイナー

ここで、あらかじめつけ加えておきますと、では本当に感性的世界がすべて魔王のものであり、神は感性的世界に対して、なにもはたらきかけができないのか、といえば、けっしてそうとはいえません。

もしそういえるとしたら、いったいなぜ仏陀《ぶっだ》は地上に生きたのか、なぜ菩薩行《ぼさつぎょう》ということが考えられるのか、なぜキリストはゴルゴタの死をとげなければならなかったのか、そういうことがすべてわからなくなってしまいます。ですからこれまで述べたことは、あらゆる思想的な営為の前提ではあるのですが、結論ではないのです。

とはいえ、感性的世界が悪魔の支配下にあることを意識しないで、宗教的な問題、あるいは思想的な問題を論じることは、そもそも不可能です。

そこで、これからヘーゲルにおける感性的世界の意味について、さらに考えていきたいのです。

晩年のルドルフ・シュタイナーは、一九一六年に、『人間の謎について』という哲学書を出しましたが、あとになってシュタイナーが回想しているところによりますと、この本を書くときに、数行書くのに何日も考え抜き、本当に心の血で書き綴《つづ》ったのだそうです。

シュタイナーがそういういい方をするのはめずらしいことなのですが、その晩年の哲学書『人間の謎について』には、ヘーゲル論が入っています。この本の助けをかりて、シュタイナーがヘーゲルをどう考えていたか、今の渡辺照宏氏との関連で、お話ししてみようと思います。一九一六年の当時、シュタイナーはオカルティストとして重要な業績をあげていましたが、オカルティストというと、前に述べたように、感性的な世界のなかで生きているように思われてしまいます。たとえば見霊ということをいいますが、見るというのは感性的なはたらきですから、オカルト的な体験というのは、ものを考える体験ではなく、むしろ見るという感覚体験だということになります。そういうオカルティストとしてのシュタイナーが、ヘーゲルをどうとらえていたのでしょうか。それについてシュタイナーは、次のように述べています。

ヘーゲルを読んでいくと、例のデカルトの「私は思考する。故に私は存在する」という命題を生きいきと展開していることに気がつく。ヘーゲルの哲学は、一つの壮大な思考の風景なのである。いわば、非常に複雑に分節化された思考体である(分節化とは、人間のからだのなかで、手足や頭や呼吸器官や消化器官など、いろいろな部分が一つの生命目的のために、体内に組み込まれているような、そういう結合のしかたのことです。——筆者)。そういう思考体の中でさまざまな概念が分節化され、組み合わさり、助け合い、たがいに支え合い、たがいに照明を受け合っている。そのようなヘーゲルの壮大な哲学の風景は、知るに従って、感性的世界の印象や感情のいとなみから取り出されてきたものが、どんどん排除され、しだいに学ぶ者の魂が、感性的世界から引き離されて、最後には純粋な思考のいとなみの観察者になっていることに気づかされる。

ヘーゲルの哲学に向き合う者は、思考を観察する存在になっていく、というのです。

ヘーゲルの超感覚的世界

そしてそのようにして、思考の風景の観察者になったときに、その観察者のなかから必然的に現れてくるもの、それがヘーゲルにとっての、いちばん重要な思想の実体だった、というのです。

このシュタイナーの理解のしかたは非常に重要な内容を含んでいます。要するに、私たちの意識を一つの舞台と考えるのです。その舞台は演劇空間であるかのように、書割《かきわり》があり、さまざまな照明が当てられ、いろいろな大道具、小道具のなかで、登場人物がストーリーを展開していくのです。私たちの意識はそういう舞台なのだというのです。

そして、シュタイナーによれば、ヘーゲルの哲学もそのような舞台であり、この哲学を学ぶ者は、自分のなかにも、そのような舞台を見出すのです。そしてそこに壮大な思考の風景が現出するのです。そしてその風景のなかでは、しだいに感性的な世界の内容が消されていくのです。

たとえば山が消え、草花が消え、そうして天も地も消えたあとに、純粋な思考のいとなみだけが、一つの壮大な情景となって現れます。そしてそれを眺める私たち観客の心のなかに湧きあがってくるものが、ヘーゲルにとっていちばん大事なものだった、というのです。

私たち一人ひとりの魂が、このような舞台を自分のなかに生じさせ、その舞台にひたすら眼をそそぐなら、魂はそれによって、感性的世界の日常性から脱却して、自分をそれとはまったく別な、超感覚的宇宙秩序のなかに組み込むことができる、そうヘーゲルは考えていたというのです。

ヘーゲルは好んで超感覚的世界という言葉を使っていました。感性的世界のイメージをつぎつぎに取り去っていくと、超感覚的な世界の風景が出現するというのです。

そのとき、魂が自分で思考しているのではなく、宇宙が魂のなかで思考しているのだ、とヘーゲルは考えていました。その風景をひたすら見つめているときに、その見つめている観客の心のなかから湧きあがってくるもの、それはヘーゲルによれば、私たちの主観が考えている思考内容ではなく、宇宙が私たちのなかで考えている思考内容なのです。――「このことによって魂は、人間を超えた、いわば超感覚的世界の参入者となる。このようにして魂は、宇宙の本質を自分自身の内部に体験することができる。」

ヘーゲルとデカルトの相違

こういう体験が、ヘーゲル哲学の根底にある、とシュタイナーはいいます。そしてこの体験のなかに、デカルトとはまったく違ったヘーゲル独自の世界観が現れるのです。デカルトの場合の魂は、思考からその存在の確実さを得ようとしていました。デカルトの場合、一人ひとりの人間の魂がものを考えるということが、一人ひとりの魂の存在を保証するものだったのです。

しかしヘーゲルの場合には、初めから、個人の魂が思考するかしないかを問おうとはしていません。むしろ、どのようにしたら、一人ひとりの魂の思考が、宇宙の思考を開示するようなあり方をするようになるかを問おうとしています。

このような問いに答えようとするなら、宇宙の思考は創造的である、ということが理解できなければならないのです。そして「私」とは、このような宇宙の創造的な思考作業の一つの現象形式なのです。

　このようにして、個人の魂の思考から、超個人的な宇宙の思考という方向に眼を転じたことが、デカルトとヘーゲルとの決定的な違いなのです。

　デカルトの場合、存在を保証するものは、私たちの日常生活の中で体験できる思考のはたらきでした。しかしヘーゲルの場合は、そういう日常生活の中での思考行為ではなく、むしろこの日常性を超えた、新しい思考のはたらきなのです。

ヘーゲルの宇宙思考

　以上のようなシュタイナーのヘーゲル論を読んでいきますと、ヘーゲルのなかに、フィヒテやシェリングのあの同一性の思想が生きていなかったら、こういうヘーゲルの「思考」はありえなかったであろう、と思わざるをえません。同一性の思想があったからこそ、客観と主観とのあいだに共通の根があるという確信がもてたのです。A^1はA^2なり、という同一律＝同一性についていえば、フィヒテの場合のA^1は宇宙的な自我であり、A^2は私たち自身の自我でした。

　ですから、フィヒテの場合、存在論的に、「私は私である」という命題が中心になるのです。けれども、ヘーゲルの場合には、A^1は個人の思考、A^2は宇宙の思考です。

ですからヘーゲルの場合、徹底して思考行為に集中することによって、同一性の体験を獲得しようとするのです。

事実、ヘーゲルは、徹底的に考えようとします。考えに考えて、もうこれ以上人間の能力では考え及ばない、というところにまで、まさにエソテリックなところにまで、考えを進めていくのです。そういう純粋な思考行為のなかに、おのずと湧き起こってくるものこそが宇宙思考なのだ、とヘーゲルは考えるのです。

私たちが個人的、日常的な思考の範囲に留まるかぎりは、まだ欲望、情念、気分、意志などによって認識が曇らされています。しかし先ほどいいましたように、私たちの魂の舞台から、欲望の要素、感情の要素など、要するにマーラやアーリマンの要素をつぎつぎに取り去り、その純粋な思考の風景のなかに、私たちが没頭できるなら、その人の心の奥底から、宇宙思考が湧きあがってくるのです。それこそが、フィヒテのいう同一性の体験なのだ、とヘーゲルは考えるのです。

実際、ヘーゲルの残されている遺稿を眺めますと、ともかくびっくりします。ヘーゲルの遺稿というのは、わりと大きな紙を縦に四つ折りにしているのですが、その左側に論文を書き、その右側を白紙にしておくのです。そしてあるところまで書き進めますと、ヘーゲルはそれを読み直します。そうして、足りないところを、右側に書き込んでいくのです。あとから思いついたことを書き込んでいって、こちらの文章のあいだに関係代名詞をつけて、みんなそこにはめ込んでいくわけですから、できあがった本を読みますと、その文章は一頁が一つのセンテンスで埋められるくらい、延々と連なっていて、ドイツ語をやったばかりでヘーゲルを読みますと、なにがどう関係しているのかわからなくて、頭が痛くなるような文章になっています。それは彼がまさに宇宙思考を、自分の文章を通して表現しようとしているからなのです。消しては書き、消しては書き、また書き足して、徹底的にみずからの意識の内部風景を、純粋な思考風景に置きかえようと悪戦苦闘した結果の文章なのです。

こう考えると、シュタイナーの次の一節がよく理解できます。

「絶対知」とはなにか

ヘーゲルは偉大な神秘家であった、といわざるをえない。あらゆる古今の神秘家と同じように、ヘーゲルもまた、偉大な熱狂家であった。けれどもそのヘーゲルの熱狂は、思考の根源的な力に没頭しようとする熱狂であった。……このようにひたすら、考える行為を徹底させることによって、自分自身の内部の思考内容が理念にまで高められたときにはじめて、ヘーゲルにとっては、感性的世界から自己を超越させせることができたのである。

ですから、つい反感を感じさせられるくらいに、ゴツゴツした、入り組んだ文章を書きながら、抽象的な思考作業を続けるなかで、突然、純粋な感情の高まりを感じたときのヘーゲルは、なにものにもかえがたいくらいに感動的な文章を書くこともできました。

シュタイナーはそのような文章の例として、『精神現象学』の結末の部分を引用しています。おもしろいことに、渡辺照宏氏は『精神現象学』の冒頭の部分を引用して、仏教の本質論を展開しており、シュタイナーは同じ『精神現象学』の最後の部分を引用しておりながら、その両者の引用した内容はぴったりとつながるのです。どうつながるかといいますと、先ほどいいました、意識の舞台から、感性的世界の内容を全部取り去り、純粋思考の世界だけを展開させたときの、魂の内部から湧きあがってくる内容を、ヘーゲルは「絶対知」と呼びました。そして『精神現象学』は最後の箇所で、その絶対知についていろいろ論じているのです。

絶対知とは、精神としての自己を知る精神である、とそこでは述べられています。精神としての自己を知る精神を体験することが目標なのであり、それが絶対的な知なのですが、その絶対への途上において、さまざまの精神の営為が、それぞれのしかたで、みずからの姿を明らかにします。たとえば、フィヒテとか、カントとか、アリストテレスとか、プラトンとか、そのそれぞれの精神が自分の置かれた状況において、みずからの姿を示します。ギリシアの哲学者は古代ギリシアの時代の状況にふさわしく、中世のトマスは中世の精神的状況にふさわしく、カントは啓蒙《けいもう》主義の時代精神にふさわしく、それぞれがそれ自身において、それぞれの場所で、精神の世界を創りあげていくのです。

この『精神現象学』の結末の部分で、ヘーゲルがなにをいいたかったのかというと、目標である絶対知へ向かって、歴史上のさまざまの精神、さまざまの思想家、哲学者、宗教家が、そのときどきに絶対知へ向かって努力していくしかたを、自分の内部で甦《よみがえ》らせていくことの重要性でした。

たとえばヘーゲルが、ふと思いついて、なにか素晴らしいことを考えたとき、それと同じことを、五百年前、千年前にも誰かが考えたかもしれません。

ですから、そういう絶対知への道において、人類がこれまでおこなってきたものは、たとえそれが誰かの独創だと思えても、それはその人の思い出す行為であり、想起する行為なのです。そのようなさまざまな思い出すことのなかで、たとえばプラトンの述べたことやアリストテレスの述べたことが甦って、自分の内部に保存されます。それが偶然のしかたでおこなわれたときは歴史になり、概念的な組織のなかに必然的に生じたときは、知識の学、つまり哲学になるのです。

『精神現象学』の結末

哲学とは、今述べた絶対知への途上において、さまざまな精神たちがそのつど獲得してきたことを、概念的に組織化して形成する行為なのです。そして、それが一見偶然的な形で地上に現れるのが歴史なのです。

「これら両面を一緒にすると、概念的に把握された歴史、つまり精神史が生まれてくるが、これは絶対精神の思い出であり、絶対精神のゴルゴタであり、絶対精神の玉座の実現であり、真理であり、核心である。このような玉座がなければ、絶対精神といえども、生命を失って、生きいきとしたはたらきを持たない、孤独な存在に過ぎないであろう。ただ、この霊の国の杯から泡立つものこそ、霊の限りなき姿なのである。」これが『精神現象学』の最後の一節なのです。

ここでなぜ以上の文章を引用したのかといいますと、ヘーゲルのいう「絶対精神」が、最後にはゴルゴタである、と述べられているからです。ヘーゲルにとって、絶対知とはゴルゴタであり、キリストが磔刑《たっけい》を受けた刑場なのです。そして同時に絶対知は、絶対精神の玉座であり、真理であり、核心なのです。なぜなら、ゴルゴタが存在しなければ、絶対精神といえども、生命を失った、孤独な存在になってしまうからです。

　この霊の国の杯から泡立つものこそ、
　霊の限りなき姿なのである。

謎めいたこの二行の詩で『精神現象学』は終わっていますが、この「杯」という言葉は、グラールと関係があり、キリストの血を受けた聖杯のイメージと結びついています。

『精神現象学』のこの最後の部分は、かなり理解しにくい表現になっていますので、この思考のプロセスを、ここで少し立ち入って考察しておこうと思います。感性的世界から絶対知へ至るプロセスが、ヘーゲルの思想のアルファであり、オメガなのだ、といえますが、絶対知へ至る道の発端に『精神現象学』も、渡辺照宏氏の『日本仏教のこころ』も、感性的世界を提示し、その世界が魔王の支配する世界である、と考えていました。そして、ヘーゲルは、つぎつぎと内的な思考作業を通して、その世界を克服していこうとします。フィヒテやシェリングが実現しようと努めた同一性の体験をふまえて、最後に、人間の内部でいとなまれている思考活動も、大宇宙においていとなまれている生産活動も、同一の活動なのだという体験に、つまり絶対知の体験に到達した時点で、ヘーゲルは最後に、それがゴルゴタであるといって、この『精神現象学』を終えているのです。

このことが明確にされていませんと、なぜシュタイナーがオカルティズムの問題と真正面から向き合わざるをえなかったのか、わからなくなると思うのです。

しかもその際、先ほど述べたような、相手の財布の中身を当てるとか、相手の心を読むとか、病気を治すとかというオカルト的超能力がシュタイナーのオカルティズムにとってのアンチテーゼになっていることの意味も、このプロセスがはっきり理解できなければ、見えてこないのです。

シュタイナーのヘーゲル論

ところで、『人間の謎について』におけるシュタイナーのヘーゲル論ですが、そこには次のような一節もあります。

思考の力を通して、たえず自分の内部で自分みずからを克服していきながら、最後に無限の思考世界に参入しようとしたその熱意、その熱狂、それこそがヘーゲルの本質であった。ヘーゲルは宇宙の謎を解くために、神秘家の持っている神秘主義的熱狂と同じくらいの熱狂をそこに注ぎ込んだ。ヘーゲルは、思考の超感覚的な性質を、人間にとって可能な限りの努力を尽して、感じとっていた。しかしそれをあくまでも思考のはたらきによって理解しようとするあまり、そのことに彼自身の力のほとんどすべてを費してしまった。その結果、ヘーゲル自身は、この思考の超感覚的な性質を、超感覚的な世界そのもののなかで体験することができなくなってしまったのである。

この部分は、シュタイナー自身にとって、特別に重要なことでしたが、それは私たち一人ひとりにとっても当てはまることなのです。

たとえば誰かが、自分のなかにものを考える力を内的な衝動として感じて、ヘーゲルとかカントとかの哲学書に思考を集中するとします。そして何年もかかって、夢中でその哲学を自分のものにしようとするとき、その人が本来は、自分の内なる霊的な体験を求めてそうしたのだとしますと、その行為はその人の霊的力をかならずしも高めないのです。むしろその論理的な思考作業のなかで、その人の精神的エネルギーの大半が消耗されてしまうのです。そうすると、その人は、出発点においては霊的な体験を求めながら、その到達点においては、霊的な体験を否定することになりかねないのです。

大部分の偉大な哲学者といわれている人たちにも、そういう傾向が見られます。カントも、ヘーゲルもそうでしたし、ヘーゲルの弟子のなかの有名なカール・ローゼンクランツ、それからシュタイナーが尊敬していたエドゥアルト・フォン・ハルトマン、さらにはリュッケルト、ヴィンデルバント、ハイデッガー、サルトル、メルロ＝ポンティ、そういう人たちは、大変深い内的な精神的衝動をもって哲学に向った人たちですが、その霊的な力のすべてを、論理的な関連づけの方向に注ぎ込んでしまったために、霊的な力そのものを自分自身の内部で体験し、それを霊的な存在として確認できなくなったのです。

シュタイナーの『人間の謎について』はこのことをヘーゲルに即して述べています。したがって、どこまでも霊的な力を「思考」という枠組みの中でしか認めようとしないヘーゲルの態度からでは、オカルティズムを、そもそも感性的世界の範囲を出ていないものだとしか考えられないのです。論理的な世界に生きることが絶対知の世界に生きることであって、それ以外に絶対知のはたらく場所はないから、オカルト的な生き方をするのは、魔王の世界である感性的世界に住むことにほかならない、という考え方にならざるをえないのです。したがって、ヘーゲル以来の大部分の講壇哲学者たちは、たとえば死後の魂の存在に関して、否定的でないにしても、認識の問題としては、不可知論的な態度に終始してきたのです。

「存在論的」と「存在的」

私自身の経験でいいますと、以前、ドイツでシュタイナーの存在を知り、『神智学』を読み、霊、魂、体の人性三分説を知り、エーテル体、アストラル体という概念と出会ったとき、日本に帰って、そのことを友人たちに知らせなければいけないと思いました。そして帰国してから、ある哲学者をたずねて、霊・魂・体のこと、エーテル体、アストラル体のこと、死後の生活のことを話したのです。そうしましたら、その哲学者は「それはオントローギッシュな問題ですか、それともオンティッシュな問題ですか」と質問されたのです。

その頃は「存在論」が世界的に関心をもたれていたのですが、存在論では、オントローギッシュ(存在論的)とオンティッシュ(存在的)という区別を立てることが当然の前提だったのです。二十世紀の哲学では、形而上学は存在論のことになってしまいました。ですから存在論哲学者は、フッサールにしても、ハイデッガーにしても、論理化されていない存在の世界を扱うのがオンティッシュであり、論理化された世界のなかで存在の問題を扱うのがオントローギッシュな、つまり学問的な態度だ、と考えていたのです。

ですから、オントローギッシュな発想でないと、哲学者としてはなにも語れない、というわけです。オントローギッシュな世界での問題ならば、哲学の問題として耳を傾けよう。しかし死後の人生、あるいは肉体から離れた霊魂の輪廻転生《りんねてんしょう》とかが、単なる経験上の問題であるとしたら、それは感性的世界の問題なのだから、自分はそんなことに興味を寄せる余裕はない。したがって、「あなたのいわんとしていることは、オントローギッシュな問題なのですか、それともオンティッシュな問題なのですか」、と質問されたわけです。

こういう考え方は、ヘーゲルからきています。ヘーゲルは絶対知を体験するために、その絶対知の精神を、絶対知の存在論的領域の中に定立したのです。霊的なものをもっぱらオントローギッシュな存在領域にしか認めようとしなかったのです。

現代の存在論的形而上学者にいわせれば、これこそが思考の領域で、それ以外は感性の領域になるのです。

ですから、現代的な意味で真の哲学者に徹しようとしたら、その人が年をとり、死ぬまぎわになって、自分が死んでも、自分の意識は存続するだろうか、それとも存続しないだろうかと思ったときにも、それはオンティッシュな問題なのか、それともオントローギッシュな問題なのか、とたずねなければならないことになってしまいます。そういう状況が現代の哲学の状況なのです。そして、そういう方向に哲学をもっていったのは、実際、ヘーゲル自身です。彼は、論理の世界に自分のエネルギーのすべてを注ぎ込んでしまったために、本書の冒頭で紹介したように、若きヘーゲルが、エレウシスの秘儀への想《おも》いをあれほど見事に歌いあげたにもかかわらず、そのエネルギーのすべては、厖大《ぼうだい》な論理体系のために消費されてしまいました。したがって彼自身は、霊的な世界で自分自身の魂を体験することができなかったのです。

ヘーゲル学派の人の文章の中には、死後の世界のことなどを問題にするのは、素人の哲学者のやることだ、というい方がよく出てきます。今でもそうです。

文献学者としてのシュタイナー

ところが、おもしろいことに、フィヒテの息子のイマヌエル・ヘルマン・フィヒテ

(一七九六―一八七九年)はその例外でした。ほとんど今日では忘れられている哲学者ですが、テュービンゲン大学の哲学教授として活動し、十九世紀のドイツにおける代表的な哲学雑誌の編集長を長らくつとめていました。十九世紀の三〇年代、四〇年代のころのドイツを代表する哲学者のひとりだった人物です。

この人はヘーゲルの弟子で、いわゆるヘーゲル右派に属する一人ですが、今いましたヘーゲルの、すべてを論理化しようとする方向とは別の道を歩みはじめ、そしてオカルト的なものを志向するようになるのです。

それからもう一人、イグナツ・パウル・ヴィタリス・トロクスラー(一七八〇―一八六六年)という学者も、この関連で重要な役割りを演じています。

この二人は、ヘーゲルの哲学をオカルティズムの方向にもっていく役割りを果したのです。

イマヌエル・ヘルマン・フィヒテは、二巻本の『フィヒテの生涯』という優れた書物を遺していますが、比較的最近、ローゼ・メーリヒという、ユング系の学者が、『ユングとイマヌエル・ヘルマン・フィヒテ』という本を書いています。それを読んでみますと、ユングの「アルヒェテュプス」(元型)や「集合的無意識」という概念がすでにイマヌエル・ヘルマン・フィヒテの思想のなかにはっきり現れていることを、くわしく論じています。ユング自身もこの本の序文を書いているのですが、そのなかで、自分がこんなにイマヌエル・ヘルマン・フィヒテに似ているとは知らなかった、と述べています。ユングがいうには、自分はニーチェとエドゥアルト・フォン・ハルトマンについてはかなり熱心に勉強したことがあるが、イマヌエル・ヘルマン・フィヒテのことは知らなかったのだそうです。

そのように、ユング自身が驚くくらいに、深層心理学を先取りしている思想家でありながら、かつヘーゲル学者だったのです。そしてこの人物のことを、今いいました『人間の謎について』のなかで、すでにシュタイナーが非常にくわしく紹介しているのです。シュタイナーという人は、ともかく文献に関しては、ちょっと類のないくらい、なんでもよく通じていた人でした。ゲーテに関しては、厖大な数の、多分何万にも及ぶ、さまざまなゲーテ論のほとんどすべてを、一応は手にとっていたようですが、それだけではなく、最近問題になってきたようなトロクスラーとか、このイマヌエル・ヘルマン・フィヒテとか、あるいは偉大なロシアの哲学者ソロヴィヨフとか、その他、世にかくれた文学者、哲学者、あるいは宗教家のことを積極的に紹介しています。

「人智学」について

『人間の謎について』のなかでも、このフィヒテのことを次のように述べています。――一八五六年に出版された彼の「人間の魂の教え」という副題のついた『人間学』のなかには、非常に重要な、ドイツ精神史上決定的な意味をもつ考え方が出ている。それは人間には第二の身体がある、という考え方である。――そう述べて、さらにシュタイナーはフィヒテの言葉を引用しています。

「真実のからだ、内なる眼に見えないからだ、それがこの物質的な肉体の中に現存しているのだ。」このからだのなかのからだは、人間が死んだあとでも存在する。「死ぬ」とはどういうことかというと、われわれ自身の存在のなかで、素材性の部分だけが失われるプロセスであって、素材性が失われても、ここでいう「真のからだ」は生き続ける。それは「からだ」として死後も存続する。

イマヌエル・ヘルマン・フィヒテによれば、私たちの肉体は脳細胞も含めて、私たちを思考する存在にまでもたらしてくれる。しかし、肉体によって思考する存在にまでもたらされた私たち自身は、この思考する行為のなかで、自分自身を超感覚的な存在として把握することができる。したがって「人間学(アントロポロギー）は究極のところで人智学（アントロポゾフィー）に至るのである。」

シュタイナーが自分の立場を「人智学」と呼びましたのは、このイマヌエル・ヘルマン・フィヒテの言葉、それからトロクスラーも同様に「人智学」という言葉を使っているのですが、そういうドイツ哲学の系譜を受け継いでいる証拠なのです。「人智学」という用語だけではなく、シュタイナーのオカルティズムは、その系譜を辿《たど》っていきますと、イマヌエル・ヘルマン・フィヒテと、バーゼルの医者であったトロクスラーの思想を発展させたものだということがわかってきます。その点で、シュタイナーはヘーゲルの孫にあたるのです。

トロクスラーの超精神的感覚

トロクスラーもまた、非常に興味のある人物です。シュタイナーの弟子で、長らくシュタイナー学校の教師をつとめていたエップリという学者は、戦前からトロクスラーの研究をしていました。トロクスラーの遺稿の大半を蔵していて、戦後、トロクスラー著作集を出しています。

『人間の謎について』を読みますと、このトロクスラーも、人間を日常的な人間と高次の人間との二つに分けています。高次の人間というのは、「超精神的感覚」と彼が名づけている感覚をはたらかせることができたとき、はじめて把握できる、というのです。

トロクスラーは、ドイツ初期ロマン派の代表者のひとり、フリードリヒ・シュレーゲルの親友でした。トロクスラーによれば、フリードリヒ・シュレーゲルも、自分と同じように、人間には肉体と並んで魂の体があると考えていたそうです。

初期ロマン派の立場は、そもそも、人間が肉体と魂体という二つのからだをもっている、というところから出発している、というのです。

そしてトロクスラーは、第二のからだである「魂体」を研究する学問のことを、人智学と呼んだのです。

そこで、今私たちにとって問題になるのは、トロクスラーやイマヌエル・ヘルマン・フィヒテが「超精神的感覚」とか、「眼に見えないからだ」とかというい方でとらえようとしている「超感覚的なもの」は、いったい哲学的に、どう説明することができるのか、ということです。

そうしますと当然、感性的世界そのものをも二つに分けなければいけないことになります。

ヘーゲルの立場は、感性的世界と超感性的世界とを、同じ次元のものと考えます。そして感性的世界と論理の世界である理性的世界という二分説の上に立つのです。しかし、イマヌエル・ヘルマン・フィヒテやトロクスラーは、三分説の上に立つのです。つまり、理性的世界の一方に感性的世界を置き、そしてもう一方の、つまり感性的世界の対極に超感性的世界を置くのです。そしてこの三つがともに存在しない限り、真の哲学は成り立たない、と主張するのです。

超感性的世界をとらえるには

イマヌエル・ヘルマン・フィヒテの『人間学』、トロクスラーの『哲学講義』、ハンス・ドリーシュの『有機的なものの哲学』、そしてフランスではベルグソンの哲学がこういう方向を進んでいます。ベルグソンは、論理的な立場に立って、論理的に説明しようとすると、どうしても理性的世界を想定せざるをえないが、その世界は、体のない理念の世界、仏教でいう無色界《むしきかい》のようなところだ。けれどもさらに、超感覚的世界というものがある。その世界は無色界のようなところではなく、やはり特定の形象をもつ世界なのだ。そういうことを、ベルグソンは論証的な態度で主張しています。

今、この論証の内容をこまかく検討する余裕はありませんが、その場合の重要な観

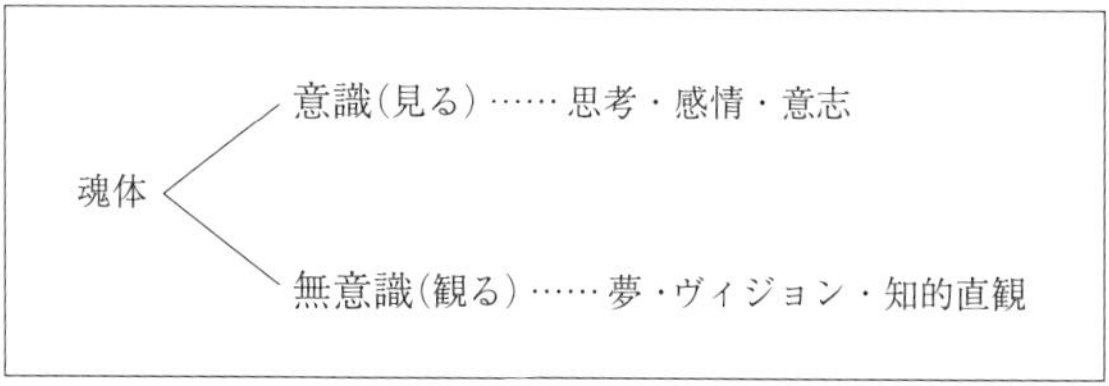

図 2　魂体の構造

点のひとつだけに触れておきますと、イマヌエル・ヘルマン・フィヒテが論証的な態度で超感性的世界を要請したのは、彼が人間の魂を意識の世界と無意識の世界に分けて考察したからなのです。

「魂体」を意識と無意識に分けて考察しますと(図2参照)、意識については、普通、思考・感情・意志という三つの魂のはたらきがあります。

それでは、無意識はどうでしょうか。

この問題は感性的世界と超感性的世界との関係についてもいえます。

理性的世界は、私たちの思考、私たちの概念的な認識によってとらえることができます。感性的世界は、感覚によってとらえることができます。それでは、超感性的世界は、私たちの内のなににによってとらえることができるのでしょうか。

イマヌエル・ヘルマン・フィヒテの場合、意識は思考・感情・意志によって生み出されるのですが、無意識は夢やヴィジョンによって表現されるのです。哲学の用語でいえば、「知的直観」によってとらえられるのです。

夢やヴィジョンというのは、思考でも感情でも意志でもありません。ですから夢やヴィジョンは、普通の意識のなかには、自分の居住権をもっていません。普通の意識のなかでの夢やヴィジョンは、はかない、要するに夢みたいなものであり、一種の妄想のようなものでしかないのです。日常意識の思考・感情・意志のなかでは夢もヴィジョンも自己を主張できないのです。

「見る」行為と「観る」行為

ところが、無意識の世界、つまりゲーテの『ファウスト』第二部に出てくる「母たちの国」へ参入するには、夢とヴィジョンを通っていくしかないのです。

そして、イマヌエル・ヘルマン・フィヒテは、この「母たちの国」を本来の認識の対象にしようとしたのです。ですから、近世哲学史上でのオカルティズムの問題は、ここからはじまるのです。

感性的世界の「見る」行為と、超感性的世界の「観る」行為とを区別してみますと、「見る」行為も「観る」行為も、ともに直観であり、感覚的なはたらきであるといえます。けれどもこの二つの行為がどこかで二方向にわかれるとすれば、それはどこにおいてなのでしょうか。

この二つが二つの方向にわかれませんと、先ほど述べたように、オカルティストが、なくしたものを透視して見つけるとしても、その知覚行為を単なる感覚的な世界での出来事としてしか説明できません。体験の質としては、特に高次の意識にまで私たちを導いてはくれません。

しかし、体験内容として「見る」ことと質的に違う、「観る」ことが可能となるときには、そうとばかりはいえないのです。この点を明らかにするために、シュタイナーはゲーテから多くを学びました。

なぜかといいますと、ゲーテという人は、ひたすらこの「観る」行為を実践し、それを思想の問題として考察した代表的な人物だったからです。

シュタイナーは、考える行為においては、カントからヘーゲルに至るまでの哲学の歩みを徹底的に自分のなかに生かそうと努めましたが、同時に、イマヌエル・ヘルマン・フィヒテやトロクスラーのいう意味での、オカルティズムの課題と取り組むときには、その一方でゲーテ的な「観る」行為を徹底して自分の内部で深めていったのです。そしてそれを哲学の課題としても考察しようとしたのです。

その意味で、シュタイナーの哲学を理解するためには、もう一本の柱が必要になるのです。それは「観る」ことの哲学的な意味づけです。それを彼は、ゲーテから学びました。したがって、ゲーテとシュタイナーとの関係が、次章の問題になります。そしてそのあとで、この二本の柱によって、シュタイナーが超感性的世界を哲学の対象とした場合に、どういう哲学を打ち立てたか、という問題に移っていきたいと思います。

V　思想家ゲーテ

ゲーテ的態度について

これからお話しするのは、前章で申しあげたことの対極に位置することなので、その両方をそれぞれ自分のなかで対比させながら、以下の問題を考えてみたいのです。

前章での最初の問題点は、渡辺照宏氏の言葉にあったような、感性的世界に対する批判的な態度でしたが、これから申しあげるのは、感性的世界を讃美《さんび》する話なのです。

ドイツにおける十八世紀の八〇年代から、十九世紀初頭にかけての、非常に高揚した神話的な雰囲気のなかで、さまざまの思想がつぎつぎに生み出されていったあの時代状況というのは、ちょっと類がありません。そのちょうど三百年前の、十五世紀末から十六世紀初頭にかけてのイタリア・ルネサンスの雰囲気とよく似た、人類にとっての記念碑的な時代だったと思うのです。十九世紀初頭のドイツを哲学の観点から考えていきますと、前章で話しましたフィヒテ、シェリング、ヘーゲルに代表されるように、思考作業が前代未聞の高さまで発展していったその一方で、感性的世界に対する美的なアプローチのしかたを考えても、そこには類を見ないくらいの切実さが示されていました。

これから申しあげるのは、この感性的世界に対するアプローチの、典型的な現れとしての、いわゆる「ゲーテ的態度」についてです。

ゲーテという人は、カントのことも知っていましたし、フィヒテのことも知っていました。もちろんシェリングにも大きな関心を寄せ、そしてヘーゲルともたがいに良く知り合っていました。けれども、彼自身は、そういう観念論哲学に対して、なにも興味をもっていない、と繰り返して語っていました。

たとえば、哲学的な感覚というものを、自分はいっさいもちあわせていないとか、自我とは頭のなかにある空虚な部分のことで、そこにはなにも世界が映し出されていないから、そういうものには興味がないとか、そういういい方で、抽象的な哲学的思弁に対して、意識的に距離を置く態度を取り続けていました。けれども、ゲーテの思想の研究が進むにしたがって、特にルドルフ・シュタイナーがゲーテを哲学者として再評価した十九世紀八〇年代の頃から、二十世紀にかけて、ゲーテが飛び抜けて深い哲学思想の持ち主であったことが、だんだん明らかにされるようになってきたのです。

戦後のことでいいますと、一九五〇年代の末頃から、一種のゲーテ・ルネサンスが起こりました。そして今までの芸術家としてのゲーテの評価から、ドイツ精神史における最大の思想家として、ゲーテを再評価する試みが現れてきたのです。

これからお話しするのは、そういうゲーテの思想が、フィヒテ、シェリング、ヘーゲルの思想とどういう意味で対極をなしているのか、ということです。

『ゲーテの世界観』

そのことを考えるとき、かなり以前のことですが、ある仏教美術の研究家からある老師に会ってみないか、といわれて、東京でお会いしたときのことをよく思い出すのです。そのときに、つい観念に傾きがちだった私に対して、その老師のおっしゃるには、「あなたは坐禅をしなくてもいいが、外から響いてくる音や日常眼に入る物に対して、できるだけ意識して感覚をはたらかせてみてください。禅の極意はそこにあるのです」という忠告を受けたのです。

老師のいわれるには、襖《ふすま》を閉める音とか、雨の降る音とか、今までなにげなく聞き逃していたような物音にひたすら耳を傾けること、あるいは壁の色とか、ちょうど画家レオナルドの逸話にありますが、壁のしみにあらためて眼を向けるとか、そういう純粋な感覚をはたらかせる作業が禅にとっては決定的に大事なのだ、というのです。

そのことと、前章で申しあげた、感性的世界を悪魔の領域とみなして、ひたすら「そこにある」という、確実に眼の前に感覚的に存在するように見える物の世界から自分を超越させることとは、まさに正反対だ、と思わざるをえません。

ゲーテはその老師のいわれたことを、あらゆる意味で、自分の思想行為の中心にすえて、その態度を一生貫いた人だったと思います。

そこで、この問題を考える一つの参考になるかと思いますので、ゲーテとヘーゲルの関係について書いてあるシュタイナーの論文を、ここでまず紹介しようと思うのです。それは『ゲーテの世界観』という比較的小さな本ですが、長年ゲーテの研究をしたすえに、自分のゲーテ観を一つにまとめた、彼としては画期的なゲーテ論なのです。一八九七年に出たので、彼の三十六歳の作ということになります。

最初に、有名なゲーテとシラーの出会いの場面が語られています。シラーはドイツ観念論の立場から、「理念」（イデー）についてゲーテに話そうとしますが、ゲーテは「経験」についてシラーに話そうとします。なかなか話がうまく通じなかったそのときの有名な出会いの場面については、よくゲーテの評伝に出てきます。ゲーテがシラーに、自分は原植物を見た、といったのです。そうしたらシラーが、それは見たのではなく、植物のイデーをあなたが考えたのだから、「それは経験ではなくて理念です」、と答えたのです。

そのことからはじめて、そしてヨーロッパの精神史を、ひとあたり、プラトンからずっとたどっていきます。そして理念と経験が分離しているということに、ヨーロッパ精神の最大の特徴をシュタイナーは見るのです。そして、経験と理念が二つに分れたということ、二元論に陥ったということこそ、ヨーロッパ精神の原罪なのだ、と彼はここで強調しています。

ゲーテの色彩研究

それからゲーテにおける無機的世界、有機的世界の把握のしかたを細かく述べていった最後に、ゲーテとヘーゲルとの関係を論じて、この本は終わっています。それで、そのゲーテとヘーゲルの関係を論じた部分を紹介しようと思うのです。

ゲーテという人物は、光の世界、色の世界を長年にわたって考察したすえに、色の原現象というものに突き当りました。この原現象とはどういうものだったかというと、ゲーテ自身はひたすら感性的世界のなかにとどまりながら、感性的世界の一つひとつの形態をつぶさに、徹底して比較研究していきますと、感性的世界のなかのさまざまの形態がたがいに結びついているということに気がついたのです。そして、その結びつき方は、「発展」という形の結びつき方をしている、と彼は考えました。

たとえば色の世界でいいますと、ちょうど五月の頃の郊外に出てみますと、野原一面に草が青々と茂っています。春の牧場の緑の世界に自分が包まれているのです。そこでまず、感性的世界の中に、緑の世界があるとします。ところがもちろん、緑が唯一《ゆいいつ》の色彩ではなく、ほかにもいろいろな色彩があります。黄色、青があり、そしてその中間に、両者が結びついた緑があるのです。

そこで、青と黄色の二つの世界が緑の世界から分れて出てきたとしますと、青と黄と緑という三つの自然現象のなかには、相互の関連があることがわかります。ところが長年、色彩を研究していくにつれて、特にゲーテにとって大発見だったのは、無色の、色のついていない光線を透明な青い液体を入れたガラスのビンにあててみますと、もちろん青い色が輝いてみえます。そのようなビンをいくつも重ねて、それを通して眺めますと、ビンの数を多くするにつれて、その青がしだいに赤い色に近づいてくるのです。

一方、同じことを黄色い透明な液で実験してみますと、同じように黄色もしだいに赤い色に変わっていきます。

そこでゲーテは、青と黄は赤い色とも関連がある、と考えるようになりました。緑、青、黄、赤という四つの色の関連を彼は体験できたのです。ゲーテは色彩論の中で、緑が基本になる色で、それが発展すると、青と黄という両極性に分れ、その両極性が

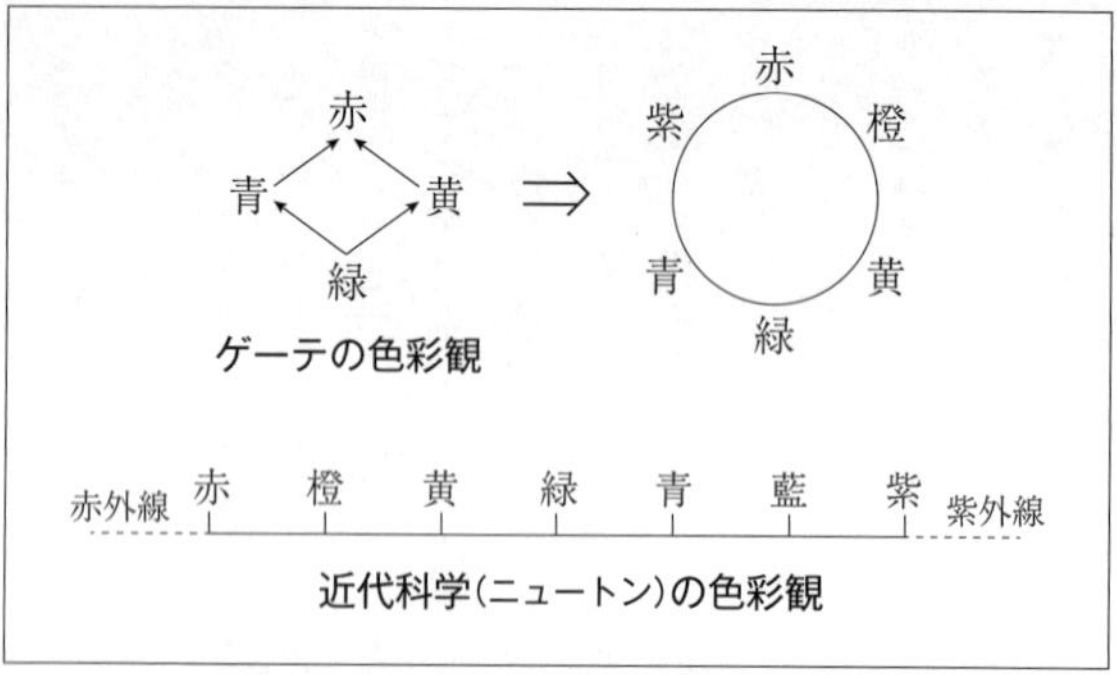

図3　二つの色彩観

さらに高まっていくと、赤となって統一される、という円環的な関連を考え、そういう関係性のダイナミックなあり方の中で色彩を考えたのです。

これがゲーテの基本的な考え方なのですが、この色彩のあり方のなかに、彼は色彩の原現象を見たのです。

色の相互関係は一つの円を作っているのであって(図3参照)、近代自然科学でいっているような、色の波長のもっとも長いところに赤があり、もっとも短いところに紫がある、というような直線的関係ではないのです。もしも関係が直線的であったとすれば、私たちの視覚がもっと発達していくと、赤の外側にも未知の色が見え、紫よりもっと短い波長にも別の色が見えるようになる、と抽象的に考えるようになってしまいます。そして感覚的には無限にいろいろな色が可能であるが、そのなかの、たまたま特定の範囲の波長だけが、人間の眼に見えているにすぎない、という量的な考え方になってしまいます。

ところが、色の相互関係を円環として理解できれば、この円の範囲外のところに、別な色があるとは考えられなくなるのです。そしてそのような色彩のありようを、原現象と呼ぶのです。

ゲーテの植物研究

植物を研究する過程でも、同じように、ゲーテは植物の原現象を発見しました。植物の原現象とはなにかというと、まずそれはあらゆる植物に共通にあって、しかもひたすら人間の感覚の力を通してしか、観察できないような現象でなければなりません。一つの種を地面に埋めますと、その種は最初に根を出し、それから芽を出します。そしてその芽は天に向かって茎を伸ばしていきます。そうすると、茎は、一つの節に到達するたびに、伸びていく作業をいったん休止して、その節から葉をひろげます。そして、それからまた上の方へ伸びていって、また節のところに来ると、いったんそのはたらきを休止して、また葉をひろげます。そのようにして最後に、茎がいったんすべての力を内側に向け、休止したかと思うと、今度は葉が萼《がく》にかわり、そこから花冠が美しい花びらをひろげるのです。そのようにして咲き誇る花を見てみると、今度はそこに生殖作用が生じ、実がなり、その実が地に落ちます。それは、植物に共通した生命のプロセスですが、よく観察すると、たえずひろがってはまた収縮し、収縮してはまたひろがるという植物生命の大きないとなみを典型的にあらわしているのです。

ゲーテは、そのように現れる植物のいとなみを「植物の原現象」といったのです。そして、あらゆる植物のなかに、その共通した生命のいとなみが見えてくると、今度は現実に存在しない植物の姿さえも、自分のファンタジーのなかで新しく作ることができる、と考えたのです。

つまり自然のなかには、植物の生成発展の法則があるから、人間がイマジネーションでそれを追体験すると、たとえ現実に存在しなくても、ある状況のなかでは存在できるような植物を、可能態として心のなかに生み出すことができる、というのです。そのようにして、イマジネーションのはたらきで見えてくるものが原現象なのです。

メタモルフォーゼについて

そこであらためて、ゲーテとヘーゲルの比較に戻ろうと思います。ゲーテはこうして原現象を体験したのですが、けっしてそれ以上の高みにまでは進もうとせず、その経験の高みに立ち止まり、思想家としてそれ以上に高い理念の世界に入っていくことは哲学者の手にゆだねました。ゲーテは現実的な世界、感性的な世界の中に生きて、理念が眼の前に見えてくるところまではいくのですが、そこから先へは進もうとしなかったのです。

ところがヘーゲルもまた、理念そのものに関しては、ゲーテとまったく同じ態度をとっていました。

ヘーゲルが理念の世界においてやろうとしたことは、ゲーテが感性的世界においてやろうとしたことと同じでした。というのは、たとえばゲーテがメタモルフォーゼ（形態の変化発展）を感性的世界のあらゆる分野で追求しようとしたとすれば、ヘーゲルはそれと同じことを理念の世界でやろうとしたからです。

ちょうど植物の場合に、一粒の種があらゆる植物の発展の可能性、根や茎や葉や花の可能性の全部を可能態として小さな目立たぬ存在のなかに含んでいるように、理念の世界にも、純粋存在という種子があって、その単純な形態から、そのときどきの状況によって、さまざまな発展が生じてくる。「在る」という世界から、「成る」という世界が生まれ、そしてさまざまな特定存在の世界が生まれ、知覚や思考その他のあらゆるプロセスを辿って、最後にヘーゲルが「哲学」と名づけた世界にまで至るのです。植物にとっての満開に咲き誇る花の姿と同じように、外に向かってもっとも美しく咲き誇る理念の世界が哲学なのです。そういうふうにヘーゲルは自分の哲学を「理念のメタモルフォーゼ」としてとらえ、構成したのです。

「メタモルフォーゼ」という形式で、ヘーゲルもゲーテも、同じ問題を考えていました。シュタイナーは、『ゲーテの世界観』の最後の章でこのことを論じました。そしてその一つの証拠として、ヘーゲルがゲーテに宛てて書いた手紙を引用しているのです。

ヘーゲルのゲーテ宛て書簡

それは一八二一年二月二十日付の手紙ですが、このなかでヘーゲルは、自分が哲学者として、ゲーテ的世界観の上に立っている、と述べています。

あなたが非常に適切にも、原現象と名づけていらっしゃる、単純にして抽象的な存在を、あなたは認識の出発点に置いていらっしゃいます。そしてそれから、より具体的な諸々の現象を提示していらっしゃいます。いちばん単純にして抽象的な原現象から、より具体的なさまざまな現象に至るまで、この過程の全体を一つの発展のプロセスとして考え、そしてそれを述べていらっしゃいます。あなたのこの分析を通すと、このうえなく錯綜《さくそう》した現象も明瞭《めいりょう》なものとなって見えて参ります。あらゆる現象の中から、偶然的なものを取り去り、そして原現象を見つめようとするあなたの態度、それを私たち哲学者は抽象化と呼ぶのですが、これは偉大な精神的な自然感覚の賜物であると思わざるをえません。……

さて私は、私たち哲学者にとって、このようにあなたが明らかに示して下さった原現象が、どれほど大きな意味を持つか、ということについてお話ししてみたいのです。

私たちにとっても、原現象は、哲学のために非常に有効なものだと思います。私たち哲学者も、殻の中のかきのように暗い、あるいはまったく真っ暗なところにいる絶対者を、空気と光に向けて、それが空気や光にとっても好ましいものになるように、作り上げようとすれば、どうしてもそのための窓が必要になって参ります。この点で原現象が、その窓を作る上で非常に役に立ってくれるのです。原現象という、たそがれの光のなかでこそ、その光の中でこそ、感性的世界と精神的世界とが、一つに結びつくことができるのですから。

ここでヘーゲルがなにをいおうとしているかは、明らかです。ヘーゲルは、自分たち観念論哲学者が向き合っている理念の世界というのは、感覚の世界に比べて、色や光のない、いわば暗い闇の世界だと述べています。けれども、もしもそのような暗い闇の世界のなかに、メタモルフォーゼの立場を導き入れることができたなら、その世界にも光がさしてくる。そういう光を与えてくれたという点で、私はあなたに非常に感謝します。——そうヘーゲルは述べているのです。

ここでヘーゲルの語っていることには、非常に重要な意味があると思いますが、そのことの意味はもう少しあとで触れることにして、ヘーゲルにとってのゲーテの意味がこの手紙では「メタモルフォーゼ」をめぐって語られています。しかしシェリングやシラーのような人にとってのゲーテは、それとはまったく別の意味でも、思想家として重要な意味をもっていたことにも注意しておく必要があります。それは、感情の精神性を徹底的に明らかにしてくれた、という点でゲーテを非常に重要視している、ということです。

現代のゲーテ研究

たとえば、フィヒテもゲーテに宛てて手紙を書いています。それは前に紹介した『全知識学の基礎』を書いていた当時の手紙で、フィヒテはこの本をゲーテに贈り、それに付した手紙のなかで、こんなことを述べているのです。

私はあなたを、感情の精神性のもっとも偉大な代表者として、いつも見てきました。あなたのその感情の尺度で自分たちの哲学が計られるということが、私にとっていつも非常に大事なことに思えます。

この手紙がはっきり語っているように、フィヒテにとって、シェリングやシラーにとっても、ゲーテくらい、感情の精神性を体現している思想家はいなかったのです。ゲーテが感覚において、あるいは感情において優れているということは、この人たちの理論的研究にとっても、非常に大きな意味をもっていたのです。

好きか嫌いかを決めるときの、ゲーテの決め方は、哲学にとっても重要な試金石になる、とフィヒテは考えていたのです。先ほどのメタモルフォーゼの観点と、この感情の精神性ということの二つが、思想家としてのゲーテの本質的な特徴だったと思うので、ここであらためて、このことを考えてみようと思うのです。

この点については、非常におもしろい文献がありますので、ついでに御紹介しておきますと、先ほど一九五〇年代から、ゲーテが思想家として再評価されるようになった、という話をしましたけれども、そのきっかけをなした学者が二人います。そしてこの二人の学者はそれぞれ非常に大きなゲーテ論を発表しているのです。ひとりはベルリン自由大学の文芸学教授だったエムリヒという人で、彼は『ファウスト第二部の象徴学』という研究を発表しているのです。もうひとりは、ダンケルトという学者で、この人は音楽学者でもありましたけれども、彼の大著『ゲーテ——その世界観の神秘学的根源』も非常に注目を集めた本です。この二人は第二次世界大戦後まもなく、相前後してそれぞれのゲーテ論を発表しました。それが一般のゲーテ研究家に衝撃を与え、それ以来ゲーテの研究は大きく方向転換をしたといってもいいくらいなのです。

そのダンケルトの著書のなかで、ゲーテの感情の精神性についてのちょっと類のないぐらい深い解釈が述べられています。ダンケルトはこんなふうにいっています。

ゲーテをドイツ古典芸術の代表者であるとか、代表的な西欧的な人間であるとかと見ていくと、けっしてゲーテの本質は明らかにされない。むしろ問題なのは、近世の十八世紀から十九世紀にかけての大きな転換期のなかで、突如としてゲーテのなかに、太古の超個体的な、根源的な体験内容が立ち現れてきたということが、ゲーテをめぐるいちばん大きな事件だった。そして、ゲーテの作品を成立順にたどって読んでいくと、驚くくらい、なにげなく見える箇所にも、深い、根源的な太古からの生命衝動が象徴的な形姿をとって立ち現れていることに気がつく。そのことに気がつくと、ゲーテというのは、近世における代表的な、大地母神の祭司だったことがわかってくる。

ゲーテにとっての象徴

そういういい方でこの本は始まり、そしてゲーテのさまざまなイマジネーションのなかに、どのくらい深い、根源的な精神性がこめられているか、ということが分厚い一冊の本のなかで詳述されているのです。そのなかでも特に、象徴についての部分は、非常に見事な論述になっています。

象徴について考えるとき、ゲーテの芸術行為のいちばんの核心に出会うことになる。その象徴の意味については、ゲーテ自身がいろいろな形で述べている。たとえばエッケルマンの『ゲーテとの対話』の、一八二七年一月二十五日のところを読んでみると、こんなことを語っている。演劇について語っている部分であるが、

観客の多くは、ただ舞台に現れてくるそのときどきの場面に喜びを感じている

だけだ。けれども、たとえば私たちがモーツァルトの『魔笛』を体験したり、あるいはそれと同じような神話的形象を描いた舞台を体験したりするときには、秘儀に参入したものだけが体験できるような、ある高度の意味を見逃すことはないであろう。

あるいは、すでに一七七七年十二月十日のシュタイン夫人に宛てた手紙のなかにも、次のような一節がある。

私の存在そのものがどんなに象徴的か、ということをあなたなら良く知っていらっしゃいます。

それから一八一八年、友人のシューベルトに宛てた手紙の中でも、こう述べている。

この世に現れてくる出来事は、すべて象徴なのです。そして、そのような出来事が完全に自分自身をあらわしてくれると、その形姿は、単にその出来事だけではなく、他のいっさいの出来事、いっさいの事柄をも暗示してくれるのです。一つひとつの出来事をこのように見ていきますと、それはなにか、最高に傲慢《ごうまん》な態度と、最高に謙遜《けんそん》な態度とが結びついているような、そういう見方になってきます。つまり、個々の出来事のなかに、他のすべてのものの象徴を見る態度というのは、もっともつまらないものと、もっとも偉大なものとを同時に見る態度なのです。

さらに、一八二四年五月二日の『ゲーテとの対話』のなかにも、「私は自分のすべての行為の中に、つねに象徴だけを見てきた。」というようないい方がある。以上、ダンケルトはこういういろいろな引用を通して、すべてを象徴的に見ようとするゲーテ的態度について述べています。象徴というのは、ゾルガーの話をしたときにすでに触れましたが、アレゴリーとははっきり区別される概念です。象徴は、つねにそこに感情のエネルギーがこめられています。しかしアレゴリーの場合、そこに概念だけがこめられているのです。

ダンケルトはその例として、次のように述べています。――どのようにして象徴ということを、はっきり感じとるようになったかについて、ゲーテはシラーに次のように語っている。――一七九七年八月十六日の書簡に出てくる一節だが、文学や、文学に限らず、あらゆる芸術や自然を観察すると、その見ている対象のなかに、一種の感傷性が混入してくるのに気づきました。ところが自分は感傷とは無縁の存在でしたし、長いこと感傷について考えても大したことはないと思っていましたので、このことを無視していたのです。しかし一度それに気がついてみると、面白いことに、自分のなかに一種の感傷的な気分が生じるときには、いつでもその対象が象徴的なあり方をしていたのです。ある対象のなかに他のものを代表するような性格が現れてくるとき、私の感情は興奮させられたのです。

未知への憧れについて

エムリヒもこのことについては、いろいろ書いています。しかしその細部を一つひとつ紹介する余裕がありませんが、私たちにとって大切なのは、ゲーテがなにかものごとを観察するときに、ひたすら自分の眼を一つの対象に注いで、そこに意識を集中していきますと、いつでもゲーテの心のなかに、一種の感情の高揚が起こってきた、ということなのです。ゲーテはそのような感情の高揚が生じるたびに、ひたすら「観る」行為と、「感じる」こと、つまり内的に高揚感をもつこととが、不可分に結びついていることに気がついたのです。その感情というのは、けっして日常的な感情なのではなく、彼自身今まで気がつかなかったような種類の感情だったのです。

　この感情を彼は予感とも名づけています。いったい今興奮して、ざわめいている自分の心のこの感情はなんなのだろうか。今までにまったく経験したことのないような、なにか不思議なこの情緒はなんなのだろうか。彼はなんどもそう問うのです。しかし明確な答えを見出すことはできません。けれども自分の心の奥底に、自分の知らない世界が無限に横たわっていて、そこから自分の意識に向けて、情報を送っているのだ、と感じるようになるのです。彼はそれを予感と感じました。なにか憧《あこが》れに似たようなもの、そしてけっして単なる主観的な、うれしいとか、悲しいとか、気持がいいとか、つらいとかというのではなく、もっとなにか恐ろしく意味のある事柄が、感情を通してみずからを語っているかのようなのです。

　そういうことをたびたび体験するようになってきますと、ゲーテはさらに、その予感のような未知の感情が、別の形を取っても現れてくることに気がつきます。それはうっかりすると気がつかないような、微妙な形をとっていますが、しかしよく注意すると、その感情の性質と、その感情の形態とに、必然的な関係があることもわかってくるのです。

たとえばベートーヴェンの「第五交響曲」をゲーテが聴いて、自分に向かってなにかをしきりに語ろうとしている誰かの姿をイメージしたとします。そうすると、自分が忘れていた大切なことを思い出させようとしてくれているその人の姿がゲーテにとって忘れられない存在になります。そして「第五交響曲」を聴かなくても、自分に一生懸命なにかを語ろうとしているその姿を心に思い浮べますと、それだけでベートーヴェンが「第五交響曲」で表現しようとした感情の意味を感じとることができるようになります。そこまできますと、その姿、もしくはその姿のヴィジョンは、夢の形象と非常に似てくるのです。

ゲーテ文学の特質

私たちも夢のなかで、いろいろな形象を体験します。美しい夕焼けも、恐ろしい海の嵐も、夢のなかで見ます。そして目が覚めたとき、すぐにはその夢の形象の意味を知ることはできなくても、あるとき、ふと、その姿が自分の特定の感情と、しかも非日常的、根源的な感情と結びついていることに気がつくのです。ゲーテはそれを夢のなかだけではなく、芸術体験のなかでも、繰り返して体験します。そしてその感情に衝き動かされて、詩を書き、戯曲を書き、それから論文を書きます。

そのゲーテの書いた論文や詩や戯曲を、今度は、そういう感情体験に敏感な人が読みますと、その文学を通して、読者の心のなかにも、同じ衝動が心の無意識の奥底で刺激され、それによって同じ根源的なイメージが引き出されてくるのです。

ですから、ゲーテの文学的ないとなみは、けっして単なる感覚美や快感の次元のものではなく、もっと存在の真実に関わる認識の行為でもあったのです。

このことが思想家としてのゲーテの偉大な特質でした。

前章でお話ししたような、ヘーゲルの見方からいいますと、そういう世界も、やはり地上の魔王の世界の一部分であり、感性的世界内の出来事であるかもしれないのですが、しかしこのようなプロセスを経て、どんな人の心の奥底にもひそむ太古の根源的な意味が現れてきますと、それはどんな概念の抽象化の作業によっても把握できないような、特別な精神性の開示であるといえるのです。

ゲーテはそのことを一言で、「愛の思想」だといいました。愛情のもっとも単純な、微妙で感傷的な心の動きから始まって、感情が愛の熱を帯びる度合いが強くなればなるほど、その感情体験を通して、ゲーテは人間の精神性が根源的に「愛」の作用によって成り立っている、と感じることができたのです。ですから、今お話しした一連の問題は、すべて感情の問題、愛情の問題として把握されるのです。

ゲーテからワーグナーへ

それでここからが、この章で考えなければならない主要問題なのですが、愛情の精神性と、それから前章でお話しした理念の精神性、いったい、この二つの精神性を世界観、価値観によって、ひとつに結びつけることはできるのでしょうか。

フィヒテ、シェリング、ヘーゲルのなかで問題になった「自由の問題」と、ゲーテが感情の精神性として表現しようとした「愛の問題」、この二つをひとつに結びつける世界観は可能なのでしょうか。

シュタイナーはこの問題を自分の哲学の出発点にしようとしました。ですからここですぐに、シュタイナーの哲学を取りあげてもいいのですが、シュタイナー自身の問題に入る前に、思想史上ゲーテをシュタイナーと結びつける大きな役割りを担った重要な人物として、リヒアルト・ワーグナーという存在がいますので、この問題性をめぐって、作曲家ワーグナーのことにも触れておきたいのです。

日本でもワーグナーの音楽の愛好家は非常に多いので、ワーグナーについては直接、彼の音楽を聴いたり、書物で読んだりする機会が多いと思いますが、ワーグナーはシュタイナーにとっても、オカルティズム一般の問題にとっても、それから二十世紀の

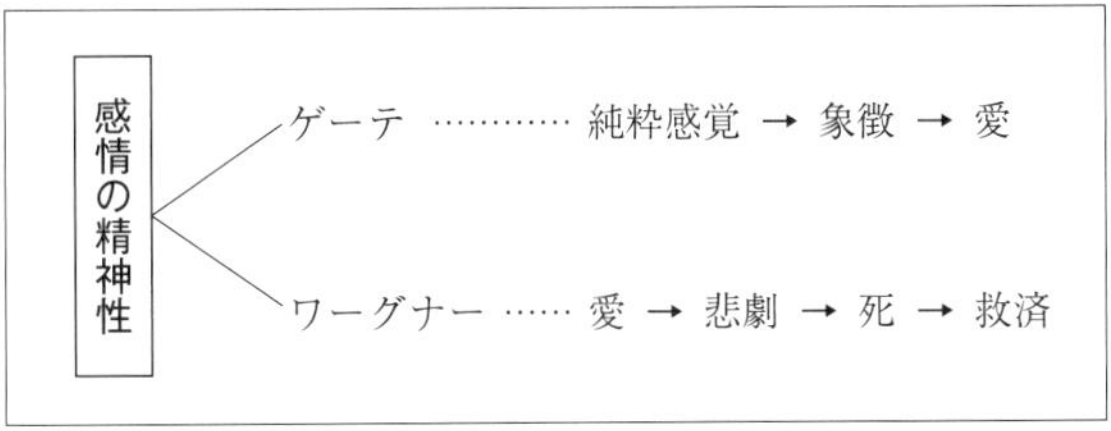

図4　ゲーテとワーグナーの感情の精神性

さまざまな芸術運動にとっても、決定的に新しい方向を提示した、重要な思想家です。

たとえばワーグナーは総合芸術という新しい芸術把握のしかたを提示しましたし、感情世界の無限の奥深さを、無限旋律や、対位法や、言葉と音楽の結びつきを通して、さらには、楽劇という演劇空間のなかで、表現しました。それだけでなく、音楽とオカルト的な問題との結びつきについても、いろいろな発見をしました。

しかしシュタイナーとの関係で特に重要だと思うのは、先ほどいいましたように、ゲーテが感情の精神性として、純粋感覚から出発して、象徴の問題、感情の問題について大きな業績をあげたことを承《う》けて、ワーグナーはそれをさらに「愛情の問題」として徹底させ、愛における意識と無意識、あるいは愛と死の問題として、非常に深化させたことなのです(図4参照)。

特にワーグナーの音楽は、愛を通して神話の世界、無意識の世界、さらには死への衝動を現出させる、前代未聞といっていいくらいの、すさまじい表現力をもっていました。ですから彼の芸術に接した人は、自分が芸術体験をしているのか、宗教体験をしているのか、分らなくなるくらいです。

ワーグナー自身は、愛と悲劇、死と救済という四つの概念で自分の「愛の思想」を総括しています。

愛・悲劇・死・救済という四つの言葉のなかに、仏教的な救済の思想というよりは、キリスト教の中心理念が非常にはっきりと語られているのではないかと思います。キリスト教の大きな思想的意味は、仏教が感性的世界を魔王の支配する世界と考え、その魔王の世界からいかに救済されるかを考えたのとは逆に、その魔王の世界のなかに入っていき、まさにその魔王の世界を救済の対象にしようとすることにあると思います。

ですから、キリスト教の救済の思想は、地上の世界から離れるのではなく、地上の世界のなか深くに降りていく姿勢を必要とするのです。それがなかったら、キリスト教の本当の思想ではないわけです。ワーグナーはそれを愛の思想という形で、自分の芸術活動や思想活動のいちばん根本に据えたのです。そしてそれを愛と悲劇と死と救済という四つの言葉で表現したのです。

「オランダ人」や「タンホイザー」から始まる彼の楽劇、特に「トリスタンとイゾルデ」や「パルジファル」を実際に体験しますと、今いいました四つの言葉で表される世界がものすごく集中したしかたで、徹底して描かれている、と思わざるをえません。そこでの終末の世界は同時に救済の世界でもあるのです。

A＝Aという命題

その意味で、ルドルフ・シュタイナーは、リヒアルト・ワーグナーを非常に重要視しました。二十世紀初頭のシュタイナーの時代に、新しく精神世界と関わりをもとうと思うなら、ワーグナーが提示している「愛」の問題と本当に真剣に取り組まなければ、人生を深く掘り下げることができない、と考えていたのです。

そこで、ワーグナーの問題は以上簡単に暗示するだけにとどめておきまして、これからシュタイナー自身の問題に入っていこうと思います。

まず、今までのことをもう一度整理してみます。

最初に、フィヒテのことを申しあげました。フィヒテの場合には、A＝Aという、同一性の問題から出発しました。そしてA＝Aという同一律をよく考えてみると、これは自我の行為である、ということがわかりました。なぜA＝Aが自我の行為なのかといいますと、この命題は「Aがある」ということを主張しているのではなく、「もしAがあれば、Aもある」、と主張しているのだ、とフィヒテは考えました。

たとえば、変な例ですけれども、二つの直線によって作られた空間というものが考えられないとしても、「もし二つの直線によって作られた空間があるとすれば、二つの直線によって作られた空間がある」、という命題は成り立ちます。つまりA＝Aという図式はつねに存在しえます。

しかし「Aがある」、という主張になってしまいますと、二つの直線によって作られた空間がある、と主張することになりますから、その命題はつねに成り立つとはいえません。いったいA＝Aという図式または命題を成り立たせ、それを主張しているものはなんなのか、ということを考えたときに、フィヒテはそれをXと考えて、Xがこれを成り立たせているとすれば、そのXは自我以外にないと考えたのです。それが彼のもっとも基本になる主張でした。

一方、この前取りあげました、「自我は自分自身を定立する」という命題についてですが、「定立する」または「置く」という単純な動詞はなにを意味しているのかというと、それは、「もし自我があるならば自我はある」、ということではなくて、今度は「自我は存在している」、という主張を表現しています。だからこそ、「置く」、という非常に強いいい方をしたのです。

フィヒテはあらゆる存在のはじまりに、まず自我のはたらきを考えます。自我がまず存在し、そしてその自我の存在が可能となったことによって、はじめてA＝Aという命題も可能となる、と考えたのです。

所与と思考の融合

このことをシュタイナーはとても重視します。なぜなら、この考え方のなかにこそ、フィヒテの根本的な、宿命的な誤りがある、ということをシュタイナーが見つけ出したからです。

それはどうしてか、というと、フィヒテがA＝Aについて、自己定立について語る場合、彼は自我を、「存在を可能にする存在」という意味で用いました。しかし彼は、その自我に、自分で内容を生み出す力を認めてはいなかったのです。自我は、自分自身を存在界に定立することはできるのですが、しかし現象世界の個々の内容を生み出すことはできない、とフィヒテは考えたのです。それで知識学についての彼の論述を読んでいきますと、彼は、自我が存在の根底にあるということ、そしてA＝Aという同一律を成り立たせているXが自我でしかありえない、ということを説いているのですが、しかし自我が、宇宙自我が自分の内部からこの物質世界の感性的な内容を生み出す力がある、と確信をもって主張し、論証することはできなかったのです。

ですから感性的世界が眼の前に、所与として存在する一方で、思考もしくは概念が存在し、この二つが論理的にも対立している、と考えました。彼は所与を説明するのに、それを自我に由来させることができません。ですから、自我はもっぱら、思考が存在する、所与が存在する、と確認を与えることしかできないのです。ですから、いかにして所与と思考とが結びついて、世界内容を生み出すのか、ということについては、論証できずにいる、ということを、シュタイナーは知識学のなかから読みとるのです。

したがってシュタイナーは、こういうのです。もし一方に所与の世界があり、そして他方に思考行為がある場合、まず問題となるのは、いったい意識がこの二つをどのように受けとめているのかを、もう一度吟味しなおすことだ。そしてその吟味を通してわかってくることは、われわれ自身の意識が、単なる感性的世界のなかに埋没し、そのなかで生きようとするとき、所与と思考とが一つになって、われわれの前に現れる、ということだ、というのです。

たとえば自分に向かって風が吹いてくるとき、その風は所与でもあるし、概念でもあります。風という概念が感覚内容を伴って、自分に向かって吹いてくるのです。感性的世界のなかでは、概念と所与はつねに一つになっているのです。

ところが、もしも私たちの意識が認識行為をおこなおうとしますと、認識的な態度をとる瞬間に、自分の意識のなかで、一方では所与が現れ、他方では概念が現れ、そのようにして、感性的世界が分極化してしまうのです。

シュタイナーは、そのことをまずはっきり理解するところから、哲学を始めなければいけない、というのです。

今いいましたこと、つまり感性的世界においては、概念と所与が一つに融合している。しかし認識行為においては、所与と概念、所与と思考とに分れる。そして認識のプロセスの最後に、ふたたび所与と思考とが一つに結びつく。このことを哲学の出発点に置きますと、どういうことが問題になってくるかというと、自我というのは、自分自身を定立する行為と同時に、さらにもっと大事な行為として、意識のなかで、意識の中心としての自我が、自分の内なる所与と、思考との結びつきをおこなう、ということを明らかにしなければならなくなります。つまり自我はその存在の出発点において、認識行為をおこないたいという衝動を、固有の衝動としてもっている、というのです。このことから哲学が出発しなかったら、自我哲学は本当の意味で展開していかない、とシュタイナーは考えたのです。

同一哲学の出発点

私たちがこのことを自分でゆっくり考えてみようと思うのでしたら、岩波文庫にあるフィヒテの『全知識学の基礎』を、第一章から読んでみる必要があります。そこではフィヒテが、大変な抽象的思考のエネルギーを使って、存在から認識への過程を論証しようとしているのです。それを読みながら、そこにシュタイナーの考えた、自我の最初の行為のなかには認識衝動がある、という考え方をとり入れたらどうなるか、と考えてみますと、フィヒテの思想の根底にあるものが新しく見えてくると思います。

シュタイナーは学位論文として書きました『真理と科学』(一八九二年)の最後の章で、今いいましたことをくわしく論じています。もし自我自身のなかに、認識行為が固有の衝動として存在していないとすると、自我の哲学は本当の意味で、精神的世界も感性的世界も説明できる哲学にはなりえないのです。

自我のもっとも根本的な行為のなかに、世界内容をみずからの思考形式を通して生み出していこうとする衝動があるのです。この衝動に衝き動かされて、自我は所与にも思考にも共通した同一の存在形式によって、所与と思考をたがいに結びつけるのです。

所与というのは感性的世界のことだ、と一応考えておいてください。感性的世界と、この感性的世界を素材とする人間存在のなかの思考とを統合していくプロセスと、そのなかに見出せる共通の存在形式、感性的世界のなかにはたらく法則と思考生活のなかにはたらく法則との統一性が体験できたときに、はじめて同一哲学のA＝Aという図式が理解できるのです。

ゲーテの欠点

そういうことをシュタイナーの哲学は考えたのです。そこで今度は、今いいましたことを、フィヒテではなく、ゲーテについて考えてみますと、シュタイナーはゲーテについても同じようにいっているのです。つまり感情の精神性の思想のなかにも、ある根本的な欠点が見出せる、と考えたのです。

ゲーテの思想のなかに、どういう欠点が含まれているのかといいますと、感性的世界におけるメタモルフォーゼ、根源的な感情のエネルギーをいくら探求しても、そのなかのどこをさがしても、自我の存在を見出すことができない、とシュタイナーはいうのです。だからこそ、ゲーテは最後まで、みずからの個体主義に思想的な根拠を与えることができなかったし、ヘーゲルもまた、立場こそ異なりますが、ゲーテ同様、自分の思想の根拠を客観的な世界に求めようとするあまりに、個人の内部にある聖なる領域、つまり自我のなかにではなく、外なる客観的な法則のなかに、道徳行為や芸術美の根拠を求めようとしたのです。

ゲーテは、植物の原現象や色彩の原現象を求めていく過程で、たえず自分を客観的世界のなかに埋没させながら、主・客の統一を考えていったので、自我の秘密を開示するところにまでいくことができなかったのです。ですから、ゲーテの哲学あるいはゲーテの思想だけを追求していくかぎりは、現代人の意識を袋小路に追いつめてしまう、と考えたのです。

そのことを『ゲーテの世界観』の最終章「ゲーテとヘーゲル」のなかで、シュタイナーはくわしく論じています。その一節を紹介しますと、先ほどの手紙を引用した後で、次のように述べているのです。

たとえゲーテの世界観とヘーゲルの哲学とが、メタモルフォーゼという点でたがいに一致するとしても、ゲーテの行為とヘーゲルの行為との間に、同じ哲学的な内容を見出そうとしたら、それはけっして正しいことではない。なぜなら確かに二人とも、自己を知覚するということを、それぞれの哲学や思想のなかで避けようとしているけれども、ゲーテの場合、この自己知覚がなくても有害でないような、感性的世界のなかで、自己知覚を避けようとしている。ところがヘーゲルは、自己知覚がなかったら、自由が失われてしまうような理念の世界で、自己知覚を避けようとしているからである。そのためにヘーゲルの思想は、究極において、個体の自由を否定するところにまで行ってしまっている。

愛の理念と自由の理念

そこでシュタイナーは、どうしたら、ゲーテのメタモルフォーゼの思想と感情の精神性のエネルギーとを自我の思想と結びつけることができるのか、という問題を出したのです。

もしも感情の精神性と自我の思想とが一つに結びつくことができたら、愛の理念と自由の理念とが哲学のなかで一つに結びつくことができるはずだからです。

なぜそう考えたのかというと、現代という困難な時代を生きる人間には、愛の思想と自由の思想とのいずれか一方が失われても、正面から時代に関わる基本的な立場をもつことができなくなってしまうからです。

自、自由の思想だけがはたらいているとしますと、極端な利己主義に陥る可能性が生じます。

また、ゲーテのなかから象徴や神話やメタモルフォーゼの思想だけを取り出し、そのなかにのみ思想の営為を見ようとしますと、自由を基礎づけるにふさわしい個体主義の思想が見出せなくなります。

どうしても、自我の哲学が一方にあり、その他方に愛の思想があるのでなかったら、本当の意味で、現代の思想的状況を乗り越えることができないのです。

シュタイナーはそういう問題意識をもって、一八九四年、『自由の哲学』という哲学上の主著を書き、愛の問題と自由の問題とを結びつける、「倫理的個体主義」の立場を確立しようと努めました。

そのような考え方が生まれて来る背景には、先ほどいいましたように、第一に、リヒアルト・ワーグナーの思想が大きな影響を与えていたと思います。つまり、ゲーテの感情の思想を一層徹底させることを通して、「感情」が最後のぎりぎりのところでは、死の問題と救済の問題とにつながってくるという、キリスト教的な発想です。しかし第二には、同一哲学の影響も見逃がせません。つまり、自我を認識行為の主体と考え、マクロコスモス(大宇宙)のなかにも、ミクロコスモス(小宇宙＝人間)のなかにも、同じ根源自我がはたらいていると考えるのです。その自我は哲学の単なる論理的要請によって定立されたのではなく、宇宙の根源のはたらきが、自我という言葉でしか表現できないような、そういうあり方をしている、という直観に基づいて定立されています。これはフィヒテ、シェリング、ヘーゲルを代表とするドイツ観念論の思想です。ドイツ観念論とワーグナーの愛の思想、この二つの背景があってはじめて、この倫理的個体主義の考え方が可能になったのです。

以上でこの章を終わりたいと思いますが、ここで、以上までの参考書として、若干日本語の文献をあげておこうと思います。

ゲーテと象徴との関係を知るうえで重要なのは、すでに戦前出ていた『ゲーテとシラーの往復書簡集』第一巻です。理念と象徴に関する部分のもっとも基本的な資料のひとつです。それから感性的世界とゲーテとの関係を少しくわしく知るには、ゲーテの『イタリア紀行』が重要になります。この本を読むと、ゲーテがもっぱら感覚をはたらかせ、その感覚活動のなかで、理念の世界をどう把握していくかを辿ることができます。特にそのなかで、モーリッツという美学者の書いた論文が紹介されていますが、そのモーリッツの美学論文とその前後のところが重要なのです。

それから『ゲーテとの対話』の象徴についてふれているところが非常に参考になり

ます。

ゲーテの美学に関しては、ハインリヒ・フォン・シュタインの『ゲーテとシラー』も戦前の翻訳がありますが、非常に優れた論文です。そのなかでハインリヒ・フォン・シュタインが、今いいましたゲーテの認識態度を、形式と素材と内実という三つの概念を用いて述べている部分も、象徴による認識態度を理解するのに非常に役に立ってくれます。

最後に、私の書いた『ヨーロッパの闇と光』の、特に後半の部分を参考にしていただければありがたいと存じます。

Ⅵ　ブレンターノとシュタイナー

ブレンターノの生いたち

哲学からオカルティズムへ至るプロセスは、メディテーションと密接な関係があります。

このプロセスは、これまでお話ししてきたドイツ観念論の哲学と、ゲーテ、シラー、ドイツ・ロマン派の感情哲学または直観哲学との結びつきを通して、二十世紀の一〇年代に入り、ルドルフ・シュタイナーが哲学的にはじめて明確に表現することができたのです。

そしてこの表現を獲得するために、シュタイナーが決定的な影響を受けた哲学者は、フランツ・ブレンターノ(一八三八—一九一七年)でした。この章では、ブレンターノからシュタイナーのオカルト的な哲学へのプロセスを辿り、最後の章で、そのオカルト的哲学そのものを検討しようと思います。

フランツ・ブレンターノという哲学者は、有名なドイツ・ロマン派の詩人であり、マーラーの歌曲で有名な民謡集『少年の不思議な角笛』をアルニムと共同で編集出版したクレメンス・ブレンターノの甥《おい》です。子どものときのフランツ・ブレンターノは、ドイツ・ロマン派の詩的環境のなかで育ったのです。

クレメンス・ブレンターノは、一七七八年に生まれ、一八四二年に亡くなっていますから、フランツは、四歳まで、おじのクレメンスを体験できました。そのクレメンスは統合失調症になり、非常に悲惨な死に方をする人です。けれども彼の周辺には、後期ドイツ・ロマン派の人びとが集まっていました。彼はまた、ドイツにおけるカトリック思想を代表してもいました。

ドイツ・ロマン派は、カトリックに改宗して、晩年は敬虔《けいけん》な宗教生活を送った人が多いのですが、ブレンターノ一家も、ドイツ・ロマン派のカトリック的な方向を代表する家庭だったのです。

ですから若い頃のフランツも、ドイツ・ロマン派の神話的な雰囲気と、カトリックの敬虔な雰囲気とのなかで育ちます。そして神学を学び、一八六〇年代には聖別をうけて司祭になります。

ローマ教皇不可謬説

カトリックの思想家のなかには、真理の二重性を峻別《しゅんべつ》して、啓示の内容と感性的世界の内容とに対して、まったく別な認識態度でのぞむ人が多いのですが、フランツ・

ブレンターノも、カトリックの司祭として、二重真理説の立場を取っています。つまり神から教会を通して人びとに与えられている啓示の世界は、一人ひとりの人間の智《ち》慧《え》の及ぶところではないほどに宇宙の深い秘密を示しており、個人の能力でそれを忖《そん》度《たく》することはできない、というのです。

むしろできるだけ敬虔な態度で、ひたすらそれに帰依することによって、はじめてそのような霊的、宗教的な内容を自分のなかに生かすことができるのです。

それに対して感性的世界の内容は、人間の認識能力の及ぶかぎり、いくらでも科学的な態度で研究を深めることができます。

フランツ・ブレンターノは、真理のこの二つの方向を、一八六〇年代に、つまり二十代に、熱心に追求します。そして、一方では敬虔なカトリックの聖職者として宗教的、霊的な生活を送り、もう一方では当代指折りのアリストテレス学者、トマス学者として、ヴュルツブルク大学、後にはウィーン大学で哲学の講義を続けるのです。

ところが、一八六〇年代まではそのように生きてきたのですが、彼が三十歳になるころ、大変な問題がもちあがるのです。

ちょうど六〇年代の終わりに、ローマから、ローマ教皇不《ふ》可《か》謬《びゅう》説《せつ》というドグマを受け容《い》れようとする動きが出てきます。つまり、個人としてではなく、教会の代表者としてのローマ教皇の発言には誤謬はない、という説です。そしてこれが大問題になるのです。

当時、ドイツでは、ビスマルクが活躍した時代でした。有名な文化闘争もこの問題と関連して出てくるのです。

そして、ドイツの代表的なカトリック神学者たちは、ローマ教皇不可謬説に対しては反対の立場をとります。当時の代表的なドイツのカトリック神学者というと、マインツの大司教フォン・ケテラーです。この大司教は、公会議の不可謬説ならともかく、ローマ教皇の不可謬説になると、教会そのものの意味がそれによってなくなるのではないか、という危機感をもち、なんとかしてこの説を撤回させようと、まだドグマになる以前から、一大運動を起こしました。そしてカトリックの古い都市フルダで全ドイツの司教会議を開いて、この不可謬説を撤回させようとします。そして将来ドグマ化されそうなこの教義への批判文書の作成をフランツ・ブレンターノに依頼するのです。フランツ・ブレンターノは、当時すでに、ドイツにおけるトミズム、アリストテリズムの代表的な学者だったのです。

そこでブレンターノは、哲学的な能力のすべてを傾けて、教皇不可謬説に反対する理論をまとめ、それを文書にして、ケテラー大司教に提出します。

ところがその結果はどうかといいますと、七〇年代のはじめに入り、ローマでいよいよその賛否を問う会議がひらかれますと、ドイツの司教たちはローマ教皇の立場に加担し、けっきょくこの説はドグマとして成立するのです。これはヨーロッパの教会史上決定的な出来事でした。

ブレンターノの日常生活

それまでフランツ・ブレンターノは、教会の伝統的な教義に反対することなど、つゆほども考えない敬虔な信者であり、司祭だったのですが、たまたま外からこういう事件が起こり、彼は自分が正しいと思ったことを哲学的な立場から主張したのに、それがくつがえされたわけですから、――普通の学者なら、そのままに済ますかもしれませんが――ブレンターノは自分が教会に留まることが許されないと感じて、司祭職を捨て、世俗に還るのです。そしてそれ以来、彼自身はもちろん敬虔なカトリック信者ではありましたが、世俗の学者として、後半の哲学的な生活を始めるのです。

純粋な学者としてもカトリックの中心地であるヴュルツブルク大学にいられなくなった彼は、ウィーン大学へ移ります。ウィーンは当時学問的にかなり自由だったところです。その当時のウィーンは、文化の爛熟期《らんじゅくき》を迎えていました。フロイト、ザッヘル・マゾッホ、ブルックナー、フーゴー・ヴォルフがおり、カトリック文化の中心地であると同時に、神智学の中心地でもありました。

ブレンターノは、非常にウィーンの生活を愛していたようです。一説によりますと、日常生活の不得意な人物だったそうです。ドイツでは「ツェアシュトロイター・プロフェッサー」(うわの空の教授)という言葉があり、あまりしっかりと大地に足を下ろしていない学者のことをいうのですが、フランツ・ブレンターノは、そのような学者の典型だったらしくて、洋服を着るにも、食事をするにも、見ていられないほど不器用な人物だった、といわれています。

たとえば、ステーキをナイフで切るのがすごく下手だったり、冬でも夏でも同じ服装をしているので、まわりの人が心配して厚手の服を着せてやったとか、階段があると、転げ落ちる心配があるので、いつも誰かがそばにいて手を引いてやったとか、そういううわさの絶えない人だったのです。

ところが、いったん哲学的な思索に没頭すると、類のないくらいの集中力を示します。ウィーンの人はそういう風変わりな人物が好きだったのか、彼はみんなからとても愛されたそうです。

ブレンターノの出発

そういうなかで、彼の哲学は同時代の他の哲学とまったく違った性質を示すようになります。

一般の哲学は、ドイツ観念論も、唯物論も、実証主義も、いわば初めから世俗の哲学でしたが、フランツ・ブレンターノの哲学は三十歳まで司祭として霊的な生活に没頭していた人の哲学なのです。ですから彼は生きいきとした霊的体験をもっていたのです。

そういう人が世俗に還って、神学ではなく、純粋な哲学を講義するのですから、その内容は他の哲学とはニュアンスが違っていました。

ところがおもしろいことに、そういうブレンターノなのに、彼自身は時代思潮に対して非常に敏感だったものですから、学者として立ったときに、誓いを立てているのです。それはどういう誓いかというと、自分は、自然科学的認識の立場からも承認できるような学問としての哲学を打ち立てる、という誓いです。

つまり時代の主流は実証主義であり、自然科学万能の時代でした。それを承《う》けて、自然科学の認識方法によって否定されるような哲学は絶対に作らない、という誓いを立てたのです。このブレンターノの誓いというのは、今でも非常に有効です。というのは、ついでに申しあげますと、第二次大戦以後の哲学の有力な主張の一つは、科学の方法論の一元化ということでした。今でもそうです。それは精神科学と自然科学を、ともに自然科学の方法で一本化するという立場です。その立場に立っている学者は、今でも非常に多いのです。そしてその方向の出発点に立っているのが、ブレンターノなのです。

ですからブレンターノは、自分自身は非常に敬虔な宗教家であり、祈りの生活もよく知っていたはずなのですが、彼の学問は、まったく自然科学の立場に立つという誓いの上に成り立っていたのです。

そこで、彼がどういうことをやったかといいますと、ひとつはドイツ観念論を徹底的に批判して、観念論のドイツにおけるもっとも有力な敵となります。そしてその一方で哲学を心理学の上に築こうとします。ドイツ観念論のロゴスによる理念世界の再構成というのとは正反対に、心理学を通して魂の現実を明らかにすることによって、その魂の現実界の上に哲学を構築しようとするのです。そして有名な『経験的立場からの心理学』という本の第一巻を、一八七四年に出します。この第一巻を書きましたとき、ブレンターノは「これは数巻続く自分の主著の第一巻である」と序文に書き、そして、まもなく今年のうちに第二巻がでるであろう、それからつぎつぎに第三巻、第四巻と続くであろう、それによってまったく新しい心理学を世に問うことができるはずだ、と書いているのです。

シュタイナーのブレンターノ讃美

ところが実際はどうかというと、第二巻をどうしても完成させることができず、約十五年経《た》ったあとに、小さな講演の速記録を出しただけなのです。

以上は学者としてのブレンターノの生涯の素描ですが、ルドルフ・シュタイナーとの関連でいいますと、シュタイナーはブレンターノについて、こんなことをいっています。それは『魂の謎について』という、一九一七年に書かれた、『人間の謎について』と並ぶ晩年の哲学書のなかに出ています。『魂の謎について』には、フランツ・ブレンターノ論とそれからマクス・デソワールという有名な美学者への批判が含まれています。デソワールは合理主義の立場からオカルティズムの批判を熱心におこなったベルリン大学の美学、芸術学教授です。そのデソワールとシュタイナーとのかなり烈しい論戦の資料も載っています。

それだけでなく、『魂の謎について』は、シュタイナーの新しい哲学の方向づけを与えている非常に刺激的な内容になっています。

特にそのなかで、ブレンターノに関しては、一九一七年にチューリヒで亡くなったこの人物への大変長い追悼文が掲載されているのですが、そのなかに次のような一節があります。

フランツ・ブレンターノくらい、自分にとって、身近でしかも本当に尊敬に値する哲学者はいなかった。私はブレンターノの論文が発表されるのを、祝祭的な気分をもって待ち焦がれ、出るたびに夢中になって読んでいった。今、ブレンターノが世を去った時点で、あらためて思い返してみると、ブレンターノという人物は、あと一歩前へ進んだら、まったくオカルティストとして、神秘学のために非常に大きな業績をあげえた人物だったに違いないと思う。……

しかし、私はこんなことをいっているが、もしブレンターノが私の立場を知ったらなんというかということも明らかなことだ。ブレンターノは、彼が新プラトン主義とプロティノスについていってるのと同じことをいったであろう。つまり、シュタイナーの立場は神秘的な曖昧《あいまい》さにあふれ、誰も知らないような領域を、想像力をたくましくして勝手にさまよっているような哲学だ、といったに違いない。……

ブレンターノがフィヒテやシェリングやヘーゲルについていったと同じようなことをも私についていったであろう。つまり、シュタイナーはドイツ観念論者と同じように、哲学に関してはまったくのディレッタントだといったに違いない。

そういうことを述べたあと、このように自分がブレンターノを崇拝し、ブレンターノへの全面的な讃美の文章を書くのは、なにも陳腐な気取ったしかたで、自分の敵の前で自己批判をしてみせる、といったような、カッコのよさをみせたいからではない。「まったく客観的に、自分がブレンターノを高く評価できるからだ。」それだけでなく、自分の立場からこそはじめて、ブレンターノの本質をはっきり認めることができると確信しているので、このような文章を書くのだ、といっているのです。この『魂の謎について』におけるブレンターノとシュタイナーの、いわばドイツ哲学史の極北の地での出会いというのは、読んでみますと、目の覚めるような、きびしさと温かさがあり、ちょっと類のないような関係なのです。

ブレンターノ哲学の特質

この本を読むときに、よく感じるのですが、ブレンターノは前に書きましたように、一八三八年の生まれです。ニーチェは一八四四年生まれで、ブレンターノの方が六歳年上なのですが、ニーチェは一八八八年の末に狂気に冒されて、一九〇〇年に世を去ります。ブレンターノは一九一七年まで生き、最後まで思想家として第一線で活躍しています。

もしニーチェがブレンターノと同じ年まで、一九二一年ぐらいまで生きることができたら、いったいどんな思想が展開されたでしょうか。シュタイナーは一八九〇年代のはじめにニーチェを病床に見舞います。彼は最初のニーチェ理解者の一人でした。当時ヘッケルがシュタイナーに対して感じたのと同じように、ニーチェも自分のもっとも良き理解者として、シュタイナーを自分の後継者のように考えたかもしれません。ところがブレンターノとニーチェは敵対関係にありました。特にブレンターノは、ニーチェに対して非常にはげしい批判の矢を向けていました。

同じように、シュタイナーは一八六一年の生まれですから、一九二五年に死なないで、――彼の肉体的条件は、毒を飲まされなければ、長寿をまっとうできるような人だったのですから――ブレンターノと同じように、七十九歳まで、一九四〇年まで活動を続けることができたら、どうだったかと考えてしまいます。そうしたらヨーロッパの精神的状況にどういう変化が生じただろうと思わざるをえません。こういう仮定の問題は歴史には通用しませんが、『魂の謎について』には、そういうことを思わず考えさせるような、可能性を秘めた文章が詰っているのです。時代の最先端の思想的な葛藤《かっとう》と対決とを生なましく感じさせる本なのです。

そこでシュタイナーのブレンターノ論をもう少し先まで辿ってみようと思います。先の追悼文はさらに次のように続きます。

ブレンターノは一八七四年に『経験的立場からの心理学』を著した。ところが一八八九年に、『道徳的認識の根源について』という講演録を出版するまで、なにも著さなかった。この講演録を読んでみると、次のような一文に出会う。

そこからブレンターノの長い文章の引用になっています。

この講演は(この文章はブレンターノ自身によるその講演録のための前書きの一節です)偶然の依頼によって生じたものだ、と読者は考えるだろうが、それはまちがいである。この講演は、私の多年にわたる哲学的考察の成果なのである。私のこれまで発表してきたもののなかで、本書の内容はもっとも成熟した成果を示しているはずである。その内容は、私が記述心理学と名づけた新しい心理学の方向を暗示しているものであって、私の予定では、まもなくこの私の新しい記述心理学の全貌《ぜんぼう》を、読者の前に提出できるはずである。

ここでも、最初の『経験的立場からの心理学』の場合と同じように、まもなく自分の心理学の全貌を発表できるだろう、といっています。つまり彼自身の頭のなかでは、もうその構想が完全にまとまっていたらしいのです。だからこの記述心理学の全貌をまもなく読者の前に提出できるはずだし、そのときには、これまでに発表してきたもの、特に『経験的立場からの心理学』から、自分がさらに大きな進歩をとげていることを知ってもらえるであろう。長いあいだなにも書かなかったことがけっして怠け心の結果ではないことも、読者に理解してもらえるはずだ、というのです。

ブレンターノの神の存在証明

ところが、記述心理学というのを、ブレンターノは書かなかったのです。それからまた長いあいだ、彼はなにも書かないで、もっぱら講義だけを弟子たちの前でおこなっているのです。

ちなみに、彼の弟子には、どういう人がいたかといえば、有名なフッサールとか、美学者のウティッツとか、ゲシュタルト心理学の創始者のひとりであるエーレンフェルス、そういう人たちが彼の弟子として、二十世紀の新しい方向を作っていくのです。

そこでシュタイナーは、次のようにたずねます。それではいったい、なにがブレンターノをして、すぐにでも出版できたはずの著述を限りなく延期せざるをえなくさせたのだろうか。その点に関して、シュタイナーは、ブレンターノが死んだ一九一七年の五月に、弟子のアロイス・ヘフラーが、ある新聞に寄せた追悼文を読んだときに、心の奥底から、震撼《しんかん》させせられた、というのです。それは次のような一節でした。

ブレンターノは、彼の主要な問題であった神の存在証明のために、確信を持って多年研究し続けてきた。数年前にも、彼と親しかったウィーンのある医者が私に語ったところによれば、その当時(つまり一九一七年の数年前に)ブレンターノは神の存在証明を数週間以内に書きあげる、と彼に約束したそうである。

ブレンターノという人は、このようにいつも約束しながら、何も書けなかった人なのです。

それから美学者ウティッツの追悼文を読んだときにも、同じことが出ていた、とシュタイナーは述べています。ウティッツの追悼文の次のような一節です。

彼(ブレンターノ)がもっとも心にかけており、生涯を費して完成させようとした作品は、ついに未発表のままに終ってしまった。しかしブレンターノは、心理学を通して神の存在証明にまで至ろうとしていたのだ。

そこでシュタイナーは、このような追悼文を読んで、あらためてブレンターノへの自分の追悼文を書く気になったのですが、ブレンターノのことをあらためて考えてみると、彼は若くしてカトリックの司祭となり、そこから出発して、心ならずも学者としての良心から、聖職者であることをあきらめ、そして自然科学的認識批判に忠実な学者として生きていく過程で、最後にたどりついたのが、出発点の神の存在証明を自分の立場からなんとかやろうとしたことだった。なんと大きな回り道をしながら、彼は一生かけて、自分の使命に忠実であろうとしたことか。そう思って、シュタイナーは魂の奥底から震撼させられ、自分の立場からそういうブレンターノの本当の姿を、どうしても評価しておきたい、と思ったのです。

関係の問題について

このような問題意識をもって、ブレンターノの心理学をかなり突っ込んで論じています。その際、興味があるのは、ブレンターノもシュタイナーも、自然科学的認識批判の立場と、それから霊学的超感覚的認識の立場とのあいだに橋をかける仕事をやろうとしていたことです。この点はとても共通しています。霊学を本当に基礎づけようとしたら、ある意味では、一見唯物論者のような、物質中心主義の立場に立たざるをえません。シュタイナー自身が晩年に述べているように、霊的に最高の問題を考えようとしたら、物質界の最低領域にまで降りていかなければならないのです。彼は死ぬ直前に、そう書いています。ブレンターノがやろうとした神の存在証明の問題も、シュタイナーのやろうとした超感覚的認識の問題も、いわばそのことに正面から取り組んでいるのです。

その場合、もっとも重要なのは感覚の問題です。眼前に対象の世界が横たわり、こちらには主観の世界があるとき、この両者の関係いかんという問題は、つねに繰り返して提出される哲学の基本問題です。シュタイナーもブレンターノも、主観と対象とを関係づける際の主要な問題点をどこに見ていたかといいますと、主観と対象の関係のしかたそのもののなかに、秘密がかくされている、と考えました。そしてその「関係の問題」を明らかにするために、感覚的知覚の問題から出発しようとするのです。

まず、物質界について考えると、物質界の個々の対象の特質は、どんな場合でも、その存在と他の存在との相互関係の上に成り立っています。相互関係を通して、はじめてその特質が生み出されます。それが物質界のいちばん基本的な特徴なのです。物質界にはさまざまな性質があるにしても、その性質は、かならず他者によって明らかにされるのが物質界の特徴なのです。つまりどんな物質も、他者によって存在させられているのです。

たとえば、水に融けるという塩の性質の場合、塩は、水という他者があるからこそ、はじめてその性質がもてるのです。液体が存在しないかぎり、融けるという固体の性質は存在しえません。そのような意味で、物質界の存在はすべて、他者によって存在させられているともいえるのです。いい換えると、特定の場のなかでのみ、物質存在はその性質を明らかにすることができるのです。

ところがブレンターノは、このことを魂の世界に関して、はじめて明らかにしたのです。

原初的な三つの志向関係

どういう形で明らかにしたのかというと、魂の性質、意識の性質を他者に関わっているということの中に見ようとしたのです。自分と他者との関係を確立することで、意識がはじめて存在するのですが、そのことを、ブレンターノの用語で「志向的関係」といいます。

彼の『経済的立場からの心理学』の第二巻(この第二巻は後から彼の論文を集めてまとめたものです)には、次のような文章があるのです。

聞かれるものなしには、どんな聴覚も存在しない。信じられるものなしには、どんな信仰も存在しない。希望の対象なしには、どんな希望も存在しない。努力目標なしには、どんな努力も存在しない。喜びの対象なしには、どんな喜びも存在しない。魂にとっての共通の特徴というのは、魂がつねになにかを志向している、あるいは、つねになにかを表象しようとしている、ということだ。表象というのは、つねになにかに関わっているということなのだ。

以上のブレンターノの立場に立てば、物質界も魂の世界も、関係性のなかではじめてその存在の本質がはっきり見えてきますし、その関係が見えなかったら、世界は認識できないと思わざるをえません。

それでは魂のいとなみのなかの他者との関わりには、どんな種類があるのかを、さらに考えてみると、基本的には三つの場合があります。

従来の考え方からいうと、対象と主観とのあいだには、思考または表象があり、感情があり、意志があって、この三つが対象の世界と魂の世界とを関係づけている、と考えていました。

ところがブレンターノは、先ほどの志向性を徹底的に考えぬいたすえに、まず表象があり、判断があり、そして愛と憎という感情のはたらきがある。この三つが志向関係を生じさせている、と考えたのです。

たとえば「神は公正である」、という文章の場合、ブレンターノにとって、それは表象であって、判断ではないのです。

ところが「神は存在する」という文章になると、それは表象ではなく、判断なのです。この相違をブレンターノは非常に重視するのです。

今の例ですと、ピンときませんが、たとえば、「スーパーマンは空を飛ぶ」という変な命題を考えてみますと、この「スーパーマンは空を飛ぶ」と「神は公正である」

とは共通しているのです。つまり、スーパーマンという概念のなかに、空を飛ぶ、という性質が含まれており、同じように、神という概念のなかに、公正である、という性質が含まれているからです。だから、神は公正である、というのと、スーパーマンは空を飛ぶ、というのとは、命題としては同じ問題圏に属しているのです。

ところが、「スーパーマンは存在する」といえるかどうか、というと、そうはいえないのです。なぜかというと、スーパーマンは空想の産物だからです。

それと同じ意味で、「公正である神」、を表象することはできても、「神は存在する」ということになると、単なる表象では決められず、判断しなければならなくなります。

「表象」から「判断」へ

それではいったいどうすれば、神は公正である、という「表象」から、神は存在する、という「判断」にまで移行できるのでしょうか。この点にブレンターノからシュタイナーへ至る、もっとも重要な問題がひそんでいるのです。

表象能力は、さまざまの表象内容を自由に結びつけることができます。表象内容と表象内容の結びつきを普通、思考といいますから、思考と表象とはほとんど同じことと考えてもいいわけです。

私たちは、小学校から大学まで、いろいろな表象内容を学習します。教科書のなかの無数の表象内容を身につけ、表象内容と表象内容との結びつけ方をいろいろと学びます。受験勉強というのは、すべて表象の学習です。ですからフランス革命と一七八九年とを結びつけると、それは表象活動になるわけです。けれども私たちは一七八九年にフランスのパリにいたのではないのですから、フランス革命が本当に一七八九年のパリで起ったのかどうかを判断することは、本来できないはずです。ところが表象だけでしたら、教科書に書いてある通りの表象内容を簡単にもつことができます。そのような表象と表象の結びつきをいろいろとやっていくうちに、私たちの思考生活はだんだん豊かに、複雑に展開されていきます。

けれどもブレンターノは、そのことは表象ではあっても、判断にはなっていない。ちょうど神が公正であるか、公正でないかを議論するようなもので、それは表象の段階であるにすぎない、というのです。表象の段階ですと、子どもたちが、スーパーマンは空を飛べるのか、飛べないのかを議論するのと同じ意識段階であって、それをいくらたくさんやっていても、そのうち言葉は無力であるとか、思想は現実生活にはあまり役に立たないとかいう思いにとらわれ、知的な無力感に陥るのがおちなのです。

ブレンターノによれば、判断というのはぜんぜん違った魂のいとなみなのです。誰かが、神は存在する、と判断したとすれば、それはその人の全存在をかけての発言です。ですから軽々しく、神は存在する、とはいえません。もしも、神は公正である、というのと同じ意識段階で、神は存在する、と誰かがいったとすれば、それは表象をはたらかせているにすぎないのです。

ブレンターノによれば、表象というのは単なるイメージに過ぎませんから、どんなに頭が良く、いろいろなことを知っている人がいたとしても、その人の知識は、それだけでは、単なる映像《イメージ》の知識に過ぎないのです。ところが判断になりますと、映像だけではすまされません。

この点に関するブレンターノ自身の言葉を引用してみますと、

判断は、たいていの学者がいっているような、表象の単なる結びつきなのではない。他の人は、判断は表象の単なる結びつきのようにいっているが、判断はそういうものではなく、単なる表象活動においては生じ得ないような、表象内容の承認と否認なのである。

表象内容を魂が存在をかけて承認するか、否認するかすることとは、表象活動とはぜんぜん違う行為なのです。

第三の志向関係は、感情、あるいは愛と憎ということです。

ブレンターノの魂のはたらき

そこで、こういう立場に立って、価値の問題を考えてみたいのです。価値の世界、真、善、美の世界は、普通ですと、カント以来の魂の三大能力である、思考、感情、意志に関連させて考えます。いうまでもなく、真理は思考の世界の、美は感情の世界の、善は意志の世界の価値を示している、と考えます。

対象を正確に表象するとき、その表象内容は真であり、それが感情を高揚させるとき、その対象は美であり、みずからの内的必然性にしたがって、なすべきことをおこなうとき、その行為への意志は善なのです。ですから真、善、美は思考、感情、意志と結びつくのです。ブレンターノの場合、魂はこういうしかたでは分類されません。表象は真、善、美とはなんの関係もない、単なるイメージなのです。そして真、善、美に関わるはたらきは、すべて第二の判断が受けもつのです(図5参照)。

判断は承認するか、否認するかなのですが、ある対象を表象するとき、その対象と表象像との一致が承認できれば、その表象は真なのです。対象を愛せることが承認で

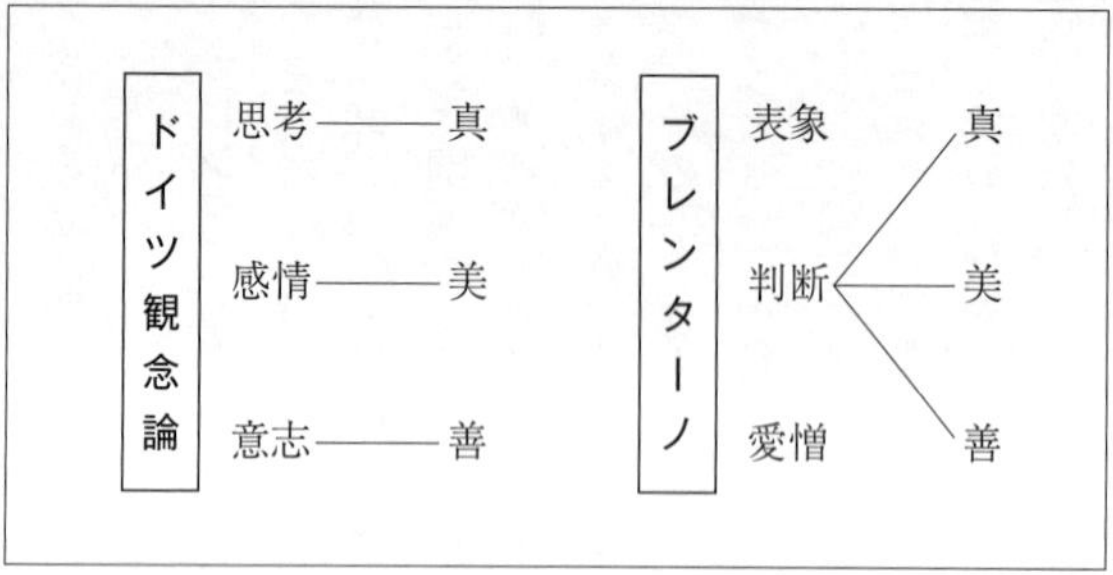

図5　ブレンターノにとっての魂のあり方

きれば、その対象は美であり、対象を愛する行為が承認できれば、その行為は善なのです。

　こういう表象と判断と感情というブレンターノの考え方は、これまで、どこか奇妙で独善的な分類であるかのように思われ、十分に評価されていなかったのですが、シュタイナーは、ブレンターノがなぜ魂のはたらきを思考、感情、意志ではなく、表象、判断、愛憎と考えたのかをあらためて考えてみると、そこには非常に深い意味がこめられていることがわかってくる、というのです。

　私たちが日常的な意識で生活している場合には、真、善、美と、思考、感情、意志とを従来のように関係づけることは正しいし、魂のいとなみを、思考、感情、意志の三つに分ける分け方も、正確に魂のあり方を示している。けれども、私たちが一歩でも霊的な体験のなかに踏み込むなら、魂のあり方はもはや思考、感情、意志という分類では説明がつかなくなる。そのときには、ブレンターノの分類のように、表象、判断、愛憎の三つの方が、正確に魂のあり方を表現している、というのです。

ですから、オカルト的な体験を理解することができなければ、ブレンターノの哲学は、基本的に独断的で片寄った思想のように思える。けれども、少しでも霊的な体験のなかで意識の問題を考えることができれば、ブレンターノの考え方は、魂の本質を考えるうえで、非常に参考になる、というのです。

魂と物質のあいだを揺れ動く意識

このことをシュタイナーは非常に重要視していました。しかし、ブレンターノの魂の三分説と、シュタイナーのいうオカルト的な体験との関係はわかりやすいことではないので、次のように考えてみようと思うのです。魂の世界を第二の現実、物質界を第一の現実と考えて、その中間に意識がなにかを志向して存在しているとします(図6参照)。その場合、ブレンターノの立場は、意識が第一の現実に関わるのか、第二の現実に関わるのかについては、問題にしようとしていないのです。

そのことについて、シュタイナーの『人間の謎について』は次のように述べています。

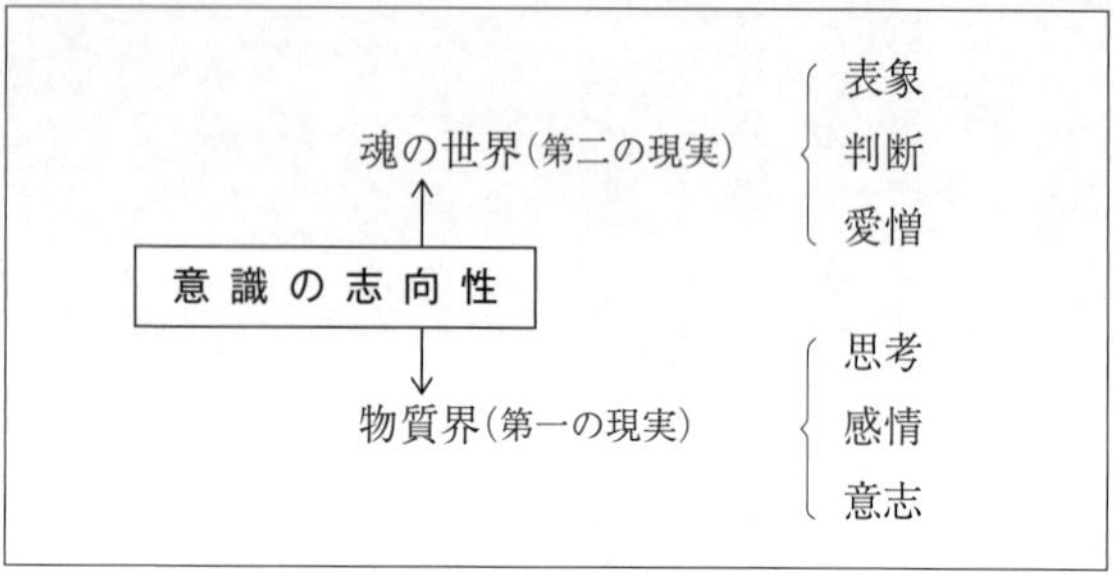

図6　意識の志向性

人間の魂の体験は、思考、感情、意志において現れる場合には、つねに肉体の器官に拘束されている。つまりわれわれが思考、感情、意志というときの魂の体験は、いつも肉体に拘束されたわれわれの魂の体験なのである。逆にいえば、われわれの肉体が存在しなくなってしまったら、思考、感情、意志というものは消えてしまう。肉体が正常に機能するときにはじめて、思考、感情、意志が機能する。

しかし、このような、肉体によって表現されている魂のいとなみだけが、魂の現実だと思うとすれば、それはまちがっている。それはちょうど眼の前の鏡に映じた自分の姿を、現実の自分の姿だと思うのと同じ誤謬《ごびゅう》に陥っている。確かに鏡が存在しなかったら、その鏡に映っている自分の鏡像も存在しないだろう。しかし、だからといって、自分の存在が鏡によって作り出されたと信じるとすれば、それはもちろんまちがっている。鏡に映ったわれわれの姿は、鏡の大きさや鏡の面の凹凸によって左右されている。しかし、鏡が映し出す自分の存在は、鏡そのものとはなんの関係もない。

人間の魂のいとなみが、物質界あるいは感性的世界のなかで、その存在を十分に発揮できるためには、鏡に映じる像と同じような、魂の像を持たなければならない。そのような像を意識のなかに担わねばならない。そうでないと、魂が現実に存在していても、その存在についての表象や知識を持つことができないからである。

そのような、通常の意識のなかに生きる魂のいとなみは、鏡が鏡像を映し出すように、肉体の諸器官によって映し出されている。だから鏡なしには鏡像としての自分の姿が存在しえないように、肉体なしには、意識化された魂のいとなみ、つまり表象は存在しえない。

しかし、このような表象として現象する以前の、本来の魂そのものは、肉体に依存していない。ちょうど鏡の前に立つ人の存在が、鏡に依存していないように。肉体の器官に依存しているのは、魂ではなくて、魂の意識化された像に過ぎないのである。

この文章を通してシュタイナーがいおうとしていることは、重大な問題をふくんでいます。私たちが心のなかに担っているさまざまな表象、ブレンターノが表象、判断、愛憎というときの表象の場合は、魂の現実がちょうど鏡に映し出された鏡像のように映し出されている、というのです。

認識の基礎となる十二の感覚

ところが唯物論でいう反映論では、脳細胞によって映し出されている像は外界を映し出している、と考えます。シュタイナーがここで主張しているのは、表象は、外界を映し出しているのではなく、魂の現実を映し出している、ということなのです。

たしかに、鏡がゆがんでしまったり、割れてしまったりしたら、鏡が映し出しているものもゆがんでしまうように、脳細胞が正常に機能しなければ、意識はゆがむしかありません。けれども、そうだからといって、魂の世界は脳細胞によって生み出されているのではないのです。脳細胞が生み出すものは、ちょうど鏡が映し出す鏡像がそうであるような、単なる像、表象像に過ぎないのです。

そして、意識の志向性というのは、一方で物質界の現実に関わると同時に、第二の現実である魂の現実にも関わっています。意識はこの両方の世界の現実を志向しつつ、その現実を表象像に変えているのです。

ブレンターノはそのように考えました。しかし、さきほど取りあげた問題、どのようにして単なる表象の世界が判断の世界に移行できるのか、ということが、神の存在についての判断も含めて、ブレンターノには最後まで謎だったのです。

シュタイナーはそのことを考えぬいたすえに、オカルト哲学にとって決定的な意味をもつ観点を見出し、そしてそれを次のように述べています。

どのように表象から判断に移行するのかを知るためには、感覚論を拡張する以外に方法はない。私が十二感覚論を唱えたのは、要するに単なる映像である表象から、ブレンターノのいう判断に移行するプロセスを知る上で、この十二の感覚が絶対に必要だったからだ。

シュタイナーは感覚を十二に分けます。そしてその十二の感覚を人間の認識の基礎に置くのです。それについては、角川選書『神秘学講義』と『シュタイナーの治療教育』にくわしく書きましたので、興味のある方は読んでいただきたいのですが、普通いう五感、視覚、聴覚、味覚、嗅覚《きゅうかく》、触覚以外にも、熱感覚、均衡感覚、運動感覚、生命感覚、言語感覚、概念感覚、個体感覚を固有の感覚分野として想定しているのです。

シュタイナーは、外的並びに内的な対象世界の特質を十二に分類したのです。そしてそれに見合った、人間の側の受容能力、志向能力をも十二の感覚能力と考えたのです。

ですから、熱とか、バランスとか、固さとか、光とか、匂《にお》いとか、音とか、概念とか、言葉とかは、シュタイナーにとって、人間の外と内にある対象世界の十二の特質に含まれるのです。そして人間の十二の感覚というのは、その外界と内界の特質を、直接認識する人間の知覚能力なのです。ですから、それは外部感覚と内部感覚とに分けられます。

たとえば、運動感覚、均衡感覚、生命感覚、それから触覚も本来は内部感覚ですが、視覚、聴覚、味覚、嗅覚などは外部感覚に属します。そして外部感覚と内部感覚との関連でいえば、私たちが外部感覚をはたらかせて外なる対象の世界を直接的に体験しますと、かならずそれに付随して、暗く、目立たぬしかたで、内部感覚が協働しているのです。感覚の世界は非常に謎めいていますが、その感覚世界の基本的な特徴のひとつは、ここでも、たがいに関係しあっている、ということなのです。ですから、物質界における場の論理と、魂の世界における志向性の論理と、それから十二感覚における相互の共感覚の論理という、三つの関係性のすべてを考えないと、認識の問題は本質的には解決できないのです。

この場合の「共感覚」は、外部感覚がはたらいているときに、同時に内部感覚が協働しているということですが、さらに、たとえば音を聞いているときには、目立たぬかたちで他の十一の感覚が、色も味も嗅いも熱も、ともにはたらいている、ということでもあります。そしてそのように感覚が相互に関連し合ってはたらくときに、はじめて表象が判断に変わるのだ、というのがシュタイナーの考え方なのです。

表象は受動的性格をもつ

シュタイナーの教育論がなぜ子どものテレビの見過ぎを否定的に考えるのか、といいますと、子どもがテレビばかり見ていますと、表象活動が非常に活発になるかわりに、表象活動があまりに活発化される結果、子どもの判断力、つまり魂が存在をかけておこなうべき承認と否認の判断力が機能しなくなるからです。それは、テレビのブラウン管の映像には、十二感覚がはたらいていないからです。テレビのブラウン管のなかに部屋が映っていても、その部屋は視覚を通してしか体験できません。子どもが、現実の部屋のなかに入りますと、その子の十二の感覚のすべてが部屋を体験します。味覚、嗅覚、触覚、熱感覚、生命感覚、均衡感覚、その他あらゆる感覚を通して、この部屋は存在する、と判断するのです。

ところがブラウン管を通して見る部屋の存在は、感覚を通して判断することができません。単なる表象能力だけが刺激されるのです。ですからテレビ体験のほかに、十分な感覚体験によって子どもの判断力に訴えかける機会がなければ、その子は、思考は空しいものだ、言葉にはなんの力もない、という無力感に陥ってしまいます。

「緑の木」というのは表象ですけれども、「緑の木がある」というのは、視覚と均衡感覚と運動感覚が協働したときに、はじめて成り立つ判断です。

シュタイナーはブレンターノから重要な認識論上の観点を受けとりました。それは、物質界における事物と環境との関係も、魂の世界の志向関係も、十二感覚における相互関係を含め、すべて関係性の問題だということです。

そこでこの章の最後の問題に入っていきたいと思います。ブレンターノの表象、判断、愛憎の区分に関して、シュタイナーはそれが日常の意識ではなく、霊的体験の意識について語っているのだ、と述べているのです。

ブレンターノが語っている判断とは、自分の表象内容を承認する、否認する、という行為なのだが、そのような判断は、表象生活の内部でおこなわれる。

しかし、そのような判断が可能となるのは、魂の内部に立ち現れてくるさまざまの表象内容を、魂そのものが受動的な態度で受け入れるだけではなく、承認と否認を通して、その表象内容を魂が現実と関係づけるときである。そのような表象と現実との関係づけは、魂の能動的な働きの中でのみ完全に見出される。

この言葉を解釈すれば、判断は、先ほど述べましたように、「緑の木がある」とか、「神が存在する」とかという、承認または否認の行為でしたが、その判断は、意識の内部で魂によって能動的になされる、というのです。

ところが表象は、受動的です。多くの場合、私たちの内部の表象は魂の力だけで生み出されるのではなく、魂が受け身の態度をとるとき、現れるのです。

シュタイナーがあるときこんなことをいっていました。ある受け身の魂の持ち主が五十歳のときに神秘体験をもったのです。ゴルゴタでのキリストの磔刑《たっけい》の情景がありありと見えたのです。それは自分にとっては神秘体験としかいえない、とその人は語っていたのだそうですが、シュタイナーの立場からいえば、それは、その人物が幼児のときに絵本で見たイメージの再現であった可能性が大きいのです。なぜなら、まるで霊感のように魂の奥底から突然現れてくる表象のなかには、子どものときに受動的に受けとめたイメージの再現が非常に多く含まれているからです。多くの場合の神秘体験の陥りやすい落し穴というのは、物質界から受動的に現れてくる表象を、あたかも霊界から現れてくる表象であるかのように錯覚することにあるのです。

そのように、表象は受動的な性格をもっているのですが、受動的な場合の表象は、その成立のプロセスが十分に明瞭《めいりょう》ではありません。ですから、当人にとって、その存在を承認できるかできないか、十分な確実さで判断することができません。表象と現実との関係について語れるのは、魂のはたらきが能動的なあり方をする場合に限られるのです。

メディテーションについて

そして、シュタイナーによれば、もしも私たちが一旦能動的な態度をとった上で、つまり自己に集中した上で自分の内部に特定の表象内容を体験するのであれば、つまり外界からの感覚的刺激に左右されず、しかも感覚体験の際の集中度をもって表象内容を観ることができれば、そこからオカルト的な霊視、あるいはシュタイナーの用語でいう「イマギナツィオン」に至ることができるのです。

ところが、はじめから表象の受動性のなかにとどまって、判断をおこなわない場合には、人間の知恵は、非常に限られてしまうのです。その知恵だけでは、霊的な認識に至ることはできないのです。

このことが現代における神秘学を考えるときの決め手《クリテリウム》になるのです。シュタイナーの神秘学をお読みになると、いつも出てくる行《ぎょう》の問題は、このことと深く結びついています。シュタイナーにとって、オカルト的な行の基本は、完全に能動的な表象を作る、というところから始まります。

たとえば黒い十字架があります。そしてその黒い十字架の中央部に、円をなして並ぶ七つの真っ赤に光り輝く、血のようなバラの花を表象します。これがシュタイナーのメディテーションのもっとも重要な基本形です。いわば受動的に受けとった形に意識を能動的に集中するのです。

このようなメディテーションを通してはじめて、霊界への参入が可能になるのですが、それをブレンターノの用語でいい換えると、表象活動と完全に能動的な判断との結びつきだということができます。

「黒い十字架上の七つのバラの花」というのは、私たちが一度も外界で見たことのないような表象です。現実には存在しないイメージです。しかしそれを自分の心のなかに、完全に能動的に表象することができますと、魂の志向性がこの世の感性的現実と結びつかず、もっぱら第二の現実の方に向けられます。そうしますと、この世から離れた魂の内部に、シュタイナーのいうイマギナツィオンがおのずと、いわば受動的に、現れてくるのです。

ですから、もしもブレンターノが、もう一歩大胆に先へ進んで、伝統的な二重真理説の立場を内的に克服できたとすれば、表象、判断、愛憎という三つの魂のはたらきのなかに、認識の限界ではなく、認識を霊的世界に向けて限りなく拡大できる可能性を見ることができたのではないか、とシュタイナーは考えています。

愛憎の相互関係としての魂

最後に、愛と憎のことについても、少し触れておきますと、シュタイナーは『神智学』の第三章の「三つの世界」のなかで、次のように述べています。

魂の世界の事情に通じるための第一の仕事は、物質界で固体、液体、気体の区別を立てるのと似たしかたで、その魂の世界の構成体を分類することである。そうするには、魂の世界のもっとも重要な二つの根本的な力を知らねばならない。すなわち共感と反感である。魂の構成体のなかで、この二つがどのように作用し合っているかがその構成体の種類を決定する。

シュタイナーが「三つの世界」のなかで、なぜこういう文章を書いたのかといいますと、この文章を通して、魂の世界が私たちの単なる個人的な主観の世界ではなく、客観的な世界なのだということを説明するためだったのです。

魂の世界を、共感と反感の相互関係としてとらえますと、客観的に魂の世界が第二の現実界として把握できるのです。

このことはブレンターノが、魂の第三の志向作用として愛と憎を取りあげたのとまったく同じことです。魂の世界を愛と憎の相互関係としてとらえますと、その世界を、もはや個人の主観の領域ではなく、客観的な世界、つまり「アストラル界」として表現できるのです。

ちょうど物質界の固体と液体と気体と熱の四つの関係と同じように、愛と憎は魂の客観的な世界を構成する二つの構成体なのです。そしてその場合、愛と憎がどういう関係をとれば、道徳的な関係になるのかということもわかるのです。

つまり、ブレンターノのいい方によれば、「ある事柄は、それと志向関係にある愛が正しいとき、善」なのです。ブレンターノの善悪の定義は、アストラル界についてのことだ、といえるのではないかと思います。

しかしブレンターノ自身は、ここまで述べながら、オカルティズムに対して最後まで否定的な態度をとり続け、自分が霊的な世界についての問題を取りあげているとは思っていませんでした。それにも拘らず、最後まで、神の存在証明をこういう方向でやろうとして、その途中で倒れたのです。

シュタイナーはここから、自分の哲学を、イマギナツィオン、インスピラツィオン、イントゥイツィオンの三つの霊的志向性の問題として、さらに発展させていきます。

シュタイナーの魂の志向関係は、この三つが中心になります。この三つの魂の志向関係を通して、彼は霊界に参入する魂のあり方を、哲学的に基礎づけようとしましたが、それについては、次の最終章でくわしく、シュタイナー哲学の最高の成果として、取りあげようと思います。

Ⅶ　シュタイナーの哲学

「意識変革」の時代

ドイツ観念論哲学、ロマン派の芸術、ゲーテの形態学、フランツ・ブレンターノの心理学、それら十九世紀の意識革命の成果は、ルドルフ・シュタイナーにとっては、近代意識の最高の自己表現のように思われました。それらは、もはやそれ以上先へは進めないくらいに、自己認識のぎりぎりのところにまで到達しているように思われました。

それにもかかわらず、十九世紀から二十世紀にかけての時代の精神的状況は、けっしてその近代意識にとって、納得できるようなものではなく、近代意識はみずからの近代意識を否定することでしか、自己を確認することができなくなりました。

シュタイナーは、人間の意識は進化すればするほど、みずからに対して否定的にならざるをえない、という時代状況を徹底的に体験した人でした。唯物論、ニヒリズム、終末思想、ダダイズム、権力への意志と西洋の没落、そういう人間の魂を否定するような時代思潮のなかで、彼は近代哲学のさまざまな方向は、すべて一つのことを指さしている、と感じました。それは「意識の変革」ということです。人間の意識そのものを根底から変革しうる思想が現れるのでなければ、ドイツ観念論もゲーテもブレンターノも、空虚なイデオロギーでしかありえないであろうし、逆にもし新しい意識が生み出されたならば、そのときはじめてそれらの思想の営為は、近代意識のための最上の思想的拠点となってくれる、と信じました。

ですからシュタイナーは、いかなる意味で人間の意識は根本的な変革を必要とするのか、いかにすれば、その変革は可能となるのか、という問題に生涯を捧《ささ》げました。そして将来その変革の上に、ドイツ観念論やゲーテやブレンターノが新たに甦《よみがえ》ることのできる土壌を用意したのです。

そこで最後に、この土壌作りについての基本的な問題点を述べることで、本書全体のまとめにしたいと思います。

ルドルフ・シュタイナーはその際、基本的に三つの分野での感性の変革を目ざすのです。つまり霊視（イマギナツィオン）、霊聴（インスピラツィオン）、霊的合一（イントゥイツィオン）の三分野です。

霊視、霊聴、霊的合一という、彼が「より高次の知覚活動」と呼んだ三つの分野で、新しい認識の地平を開拓しようとするのです。

新たな哲学の樹立

シュタイナーによれば、従来の日常的な意識の範囲内で、日常的な意味での感性と理性とをはたらかせて、哲学を構築しようと思っても、未来にとって本当に有効な哲学は生じえないのです。感性も、理性も、これまでとはまったく異なるしかたで、根底からとらえ直されねばならないのです。

なぜかといえば、日常的な感覚の世界と日常的な悟性の世界とは、物質界の原則が支配する感性的世界の認識には、限りなく深く関わることができても、けっして本来の宇宙と人間の秘密に関わることができないからです。近代文化の再生を考えるうえで、決定的に重要なこの観点に対して、従来の哲学は一貫して曖昧な態度をとることしかできず、その結果、人間と宇宙の本質を認識する役割りを、もっぱら自然科学にゆだね、みずからは論理学や文法論をできるだけ精密に構築することに腐心するようになりました。人間と宇宙のなかに、解決できない謎が現れても、その謎の核心にせまる手だてがみずからの認識方法のなかにあるとは、もはや自分でも考えられなくなったのです。

そこでシュタイナーは、新たに哲学を復興するために、まず人間の可能性を問う人間論、その人間存在の秘密を通して宇宙の秘密に参入しようとする宇宙論、最後に両者を統合する形而上学を、新しく獲得された感性と理性のうえに打ち立てねばならない、と考えました。そして今述べたイマギナツィオンを人間論に、インスピラツィオンを宇宙論に、イントゥイツィオンを形而上学に対応させて考えたのです。つまり、人間論を知るためにはイマギナツィオンを、宇宙論を知るためにはインスピラツィオンを、形而上学を知るためにはイントゥイツィオンを、それぞれ獲得しなければならない、と考えたのです。

したがって、シュタイナー哲学の方法論は、私たち一人ひとりの内部で、いかにしてイマギナツィオンを体験することができるか、いかにしてインスピラツィオンを体験することができるか、いかにしてイントゥイツィオンを体験することができるのか、という問題に置きかえることができるのです。

そこではじめに、いったい、イマギナツィオン、インスピラツィオン、イントゥイツィオンとはなにかを理解しておかなければなりません。このことを空間と時間との関連で考えてみたらどうかと思います。

記憶喪失について

もしも私たちが時間的な存在ではなく、もっぱら空間的な存在になったとしたら、どうなるでしょうか。時間的な存在が失われるということは、記憶を喪失するということですから、まず考えられるのは、よく映画やテレビドラマに出てくるような、記憶を失った人間になるでしょう。なにか思いがけない事故やショックを受けて、今まで正常な市民生活をいとなんでいた人物が、突然自分の過去を忘れてしまうのです。そうすると、思いがけないことが生じます。たとえば列車に乗って、あてのない旅に出かけるのです。車中で車掌が来れば、買った切符を見せるし、空腹になれば食堂車に行って食事もするし、となりの誰かと世間話をしたりはするのですが、目的地がないので、たとえば東京から博多まで行き、そこで降りて、旅館に泊まると、次の朝にはまた、青森までの切符を買って、青森へ行き、そこでまた同じようなことを繰り返し、お金がなくなると、働けるところで働いて何日も何か月も過ごします。そしてついに警察に保護されて、家出したことがわかる、というようなことになります。ところが、記憶を喪失した当人は、家を出たところまでは憶《おぼ》えていても、列車に乗ってからの何か月間のことは、なにをやっていたのか、ぜんぜん憶えていません。昔からそういう例はいくらでもあって、昔は天狗《てんぐ》かくしといったりしました。

そういう場合、当人は、空間体験においては正常なのですが、時間体験が欠落しているので、第四章の話からいえば、感性的世界にまったく埋没して生きていかざるをえないのです。つまりマーラの、魔王の世界にとらわれているのです。

感性的世界においても、時間は、感覚がそのつど空間に依存するように作用してくるところから人間を引きはなして、持続の世界での自分を自覚するようにうながしてくれます。空間の世界が、味覚や嗅覚《きゅうかく》や触覚や視覚や聴覚の感覚内容を、眼のまえのいたるところに現出させるのだとすれば、時間の世界は、どこにその世界内容を現出させるのでしょうか。あらためて周囲を見廻《みまわ》しても、この空間の世界のなかのどこにも、時間の要素は存在していません。なぜなら、私たちは時間の世界を、もっぱら、私たちの内なる世界から取り出してくるからです。私たち自身のなかに内なる世界が存在していないかぎり、時間を体験する場所は、どこにも見出せないのです。

時間と空間をめぐる問題

そうしますと、空間の世界から時間の世界へ身を移すということは、外なる感性的世界から、内なる魂の世界へ移行する、ということになります。

このことは当然のことのように思えますけれども、その微妙な意味あいを知ることが、イマギナツィオンを知るうえで大切なきっかけになるのです。

時間と空間は、あまりにありふれているので、あらためて吟味することさえしないのですが、空間にもまして、時間には、いまだに多くの謎がその背後に隠されているのです。単なる感性的世界に埋没するのではなく、いわば時間的存在として、過去と現在と未来を生きるときの自分のなかには、無限の謎がひそんでいるのです。

ワーグナーの楽劇について、前にお話ししましたが、『パルジファル』という最晩年の楽劇の冒頭の場面で、グルネマンツという聖杯の騎士に若きパルジファルが連れられて、聖杯の礼拝式に立ち合うときに、まだあまり歩いていないのに、ぜんぜん別な世界に移ってしまった、とパルジファルがいうと、グルネマンツは「そうだ、ここでは時間が空間に変わるのだ」と答えます。「時間が空間に変わる」「空間が時間に変わる」、というい方は、空間と時間との関連が、ある一瞬、日常的な関連から別な非日常的関連に変わるということです。そしてそのときには、日常的な世界そのものもそのあり方を変えるのです。そういう時間と空間の関連を考えますと、けっしてそれはわかりきったこととはいえません。

前章で十二感覚について話しましたが、時間と空間も、感覚だとはいえないのでしょうか。聴覚や視覚と同じように、運動や生命や言語や概念や個体も、感覚としてとらえられるのだとしたら、時間感覚や空間感覚があってもいいのではないでしょうか。

時間と空間を超えて

感覚とは、ひと口で言えば、私たちが直接体験できる知覚内容のことですが、それが表象内容となり、思考によって相互に関連づけられて、その存在が理解可能になったときはじめて、私たちはそれを概念とよびます。そうすると、時間と空間も、私たち自身が直接体験できる事柄ですから、一種の感覚内容であるとみなしてもいいはずです。なぜシュタイナーは、時間感覚、空間感覚ということを考えなかったのでしょうか。

空間と時間が感覚的知覚の対象になりえないのは、時間も空間も、そこにおいて感覚的対象が現れてくる知覚の形式だからなのです。ですから、カントは時間と空間を直観形式と呼びました。私たちが直接的に感覚体験をもつときの体験形式として、時間と空間があるのであって、純粋な空間そのもの、時間そのものが知覚の対象になるわけではないのです。

それではその「形式」は、人間の意識に固有の、したがって人間にとってのみ普遍的に妥当する形式なのでしょうか。それとも人間の意識を超えたところにある事柄の存在形式なのでしょうか。

カントは時間や空間が人間の主観的な、しかも人間意識のもっとも根源的で普遍妥当的な知覚形式だと考えていましたが、シュタイナーもまた、空間と時間を人間の身体が生み出す意識の属性だと考えていました。つまり私たちが身体的に存在するかぎり、かならず時間と空間という形式のなかで、私たちの意識内容は現れてこなければならないのです。けれどもカントと異なって、身体がもはや存在しなくなったときには、時間と空間を超えたところで、新しい知覚内容が現れてくる、と考えるのです。

それでは、いったいどうすれば、時間や空間を超えることが可能になるのでしょうか。いったいそのようなことが、私たちの意識に生じうるのでしょうか。

シュタイナーによれば、私たちが霊視(イマギナツィオン)を獲得することができれば、意識を目覚めさせつつ、しかも新しい時間的・空間的体験をもつことができるのです。すでに別な関連から申しあげたことですが、通常の時間と空間のなかで生きるかぎり、私たちの表象活動は、いつも受け身です。私たちは受け身でしか生きることができないのです。かならず、まず外からの刺激があり、その刺激を受けて、つまり受け身な態度をとって、人間の意識が生み出されます。もしも生まれたての赤ちゃんにいっさいの感覚的な刺激を与えず、真暗闇で物音ひとつしないところに置いておいたら、その赤ちゃんは永久に意識を発達させることができません。知性も感性も発達できないのです。人間の意識は、外からの作用なしには、自分自身からは、どんな内容も生み出せません。人間意識は非常に受け身な存在として、この世に生み出され、そこにまず外から物質的な作用がはたらきかけ、それがきっかけとなって人間のなかの知覚活動が目覚めます。そしてそのときから、だんだんと知性が発達していきます。

受け身の意識習慣を改める

ですから私たちが今、自分のなかにある、いろいろな表象内容を考えてみるとき、そのどれ一つをとってみても、もともとは受け身で得なかったものはないのです。私たちにとっての大切な理想である愛や自由も、まず言葉としてそれを習い、その言葉の意味を学んだあとではじめて、自分のものになるのです。私たちを盲目的に衝き動かしている愛や自由の衝動も、あらかじめ外界から感覚的刺激を受けていなければ、生じえません。そういう時間的、空間的世界のなかから自分を超越させるためには、まず受け身の状態を打破できなければなりません。

そこで、まず人為的に、今まで何十年間か受け身で生活してきた意識習慣を改めて、自分自身の内部から、まったく能動的なしかたで、イメージの世界を構築してみるという、一つの思考実験をやるのです。それができれば、もともと主観的に限定された空間と時間に対して、客観的態度がとれます。それができなければ、どんなに知性を鋭くはたらかせても、依然として日常的な感性と理性のなかに閉ざされています。

現代の科学は、どんなに高度な発展をとげたとしても、今いいました意味では、まったく受け身なのです。そして受け身であることに忠実な態度をとればとるほど、学者としては優れた成果をあげることができます。ところがこの思考実験においては、科学的な態度をとらず、つまり外なる物質的現実に適合しているかどうかをいっさい考えずに、まったく能動的に、ということは外なる物質的現実から自由な態度で、自由なイメージを自分のなかに作り出すのです。

能動的なイメージの構築

このことに関して、シュタイナーは三つのことに注意をうながしています。第一に、そういうまったく能動的な態度で作り出したイメージは、まず単純であり、その内容を十分に見通すことができるくらい単純であり、しかも日常的な現実のなかには見出せないようなイメージでなければなりません。単純であって、見通しがきいて、そして非現実的なものであれば、なんでもいいのです。いいかえると、生まれてから今まで、見たことも、聞いたことも、読んだこともないような、つまり記憶に寄りかかることのできないようなイメージを心のなかに作るのです。

第二に、優れた秘教的な伝統や偉大な霊的指導者の教えのなかには、そういうイメージや言葉が見出せます。シュタイナーは一つの例として、こういう言葉をあげています。――「光の中を流れるように、叡智が生きている。」

この言葉自身は、合理的な観点から、つまり日常的な感性と理性によって、理解しようとしても、現実と矛盾していますから、理解困難です。しかし単純で、見通しがききます。ですから、単純に心のなかにイメージ化することは、不可能ではありません。もしそうできないとすれば、何十年間か外的現実に適応してきた受動的な生活習慣がそれを妨げているのです。

シュタイナーによれば、毎日、短い時間でいいのですが、こういう単純な言葉かイメージに没頭することが、霊視（イマギナツィオン）の前提になるのです。

第三には、そういうイメージに対して、それが外なる感覚的対象であるかのように、それを観ることに集中する、ということです。

そのためには、自分の利害関係や価値観からまったく解放された、もっぱら純粋な知覚対象のようなイメージでなければなりません。前章の終わりのところでは、「バラ十字」を例にあげましたが、「光の中を流れるように、叡智が生きている。」の例に戻りますと、この言葉を自分のなかで生かすには、各人がそれぞれ自分の想像力にしたがって、この言葉を受けとめなければなりません。その想像力が他の人の場合と違っていても、かまいません。ある人は「光」をなにか強烈な、キラキラした、まぶしいものとしてイメージするでしょうし、別の人は冷たく輝く、月の光のようなイメージをつくるかもしれません。その光は紫色でも白銀色でも黄金色でもいいのです。ただ大きな光の海が自分を取り巻き、自分がその光の海のなかを漂っているようにイメージするのです。

そのときイメージした私たちが、身体をもっているか、いないか、ということも、どうでもいいのです。自分自身がその光の一部分となって、自分の存在が空間の果てまで広がっているようにイメージするのです。とにかく、広大な光の海があって、そのなかに自分が生きています。自分というのは自分の意識のことです。

そのとき、叡智がその光の海のなかに流れていきます。しかもそれは生きているのです。叡智の流れが自分のなかにまで流れてきますと、自分の意識はそれによって明るく照らし出されます。日常の経験でいえば、電車の席に腰かけているときに、眠くてたまらず、ついうとうとしていて、はっと目を覚ますと、急に頭が冴えてきたりします。そういう場合、眠くてたまらなかったときの意識は、わりに暗かったのですが、しばらく居ねむりして、目覚めたときには、明るくなっています。そのように、私たちの意識には、暗いときと明るいときがあります。その明るさが、いつもの何百倍、何千倍も明るかったらどうなるか、ということをイメージしてみるのです。そしてそれを自分のなかの叡智の姿としてとらえると、叡智を感覚的知覚に似た対象にすることができます。それは今まで知らなかったような、「出来る」という、なにか確信に似た感情とか、なにかに向って無限に近づきたいという欲求とかと結びついて、自分の意識を輝かせるかもしれません。このようにして、単純な、「光の中を流れるように、叡智が生きている。」という言葉から、いろいろなイメージを作ることができます。

表象と判断の相違

しかし、今私がいったことは、日常生活のなかでは、一度も考えたことも、感じたこともないような事柄ですから、それを毎日、短時間でも集中して体験しますと、日が経つにつれて、それは自分の空間体験、時間体験を非日常的なものに変える作用をするようになるのです。

そして、イメージはひとつの未知の現実に変わるのです。今までと違う現実が、イメージとなって自分の前に現れます。今まで感じたことも、予感したこともないような経験を今しているのだ、という強烈な実感が残ります。私たちの表象のはたらきに変化が生じるのです。

　ここでブレンターノの心理学のことを思い出しておきたいのですが、ブレンターノの用語では、表象と判断と愛憎のはたらきが区分されています。表象は単なるイメージでした。そして判断は、そのイメージが在るという、承認または否認の態度でした。この前の例でいえば、「神は公正である」という命題が表象だとすると、「神は存在する」という命題が判断です。

　「神は公正である」ということと、「神は存在する」ということとは、私たちの論理の世界では、ほとんど区別がないように思えるかもしれませんが、大きな違いがあります。この前は「スーパーマン」の例もあげました。「スーパーマンが空を飛ぶ」という表象は、スーパーマンが登場する空想世界のなかでは、正しいのです。しかし、「スーパーマンは存在する」という命題になると、私たちはそれをにわかには肯定できなくなります。明らかにそれは、特定の作者の空想の産物なのですから。この表象と判断の違いは、存在の現実性に関しては決定的ですけれども、私たちが、単なる書物の世界やテレビの世界だけに留まるかぎりは、表象と判断のこの区別をつけなくても、不都合はありません。そして現代の文明は、表象と判断の区別をつけなくても、いっこう構わずに、表象のよりたくさんある人の方が頭のいい、優れた人という評価を下します。試験の問題はすべて、単なる表象の世界に終始していますから、試験でどんなにいい点がとれても、答案用紙に書いた事柄が存在するか、しないか、それに当人がどう関わるのか、という判断に関しては、それを試験に反映させる必要はないのです。

判断を可能にする共感覚

ところで、ブレンターノは、前章で述べたように、表象から判断へ、どのように移行していくのかについては、最後まではっきりさせられませんでした。しかしシュタイナーによれば、表象から判断へのプロセスは、感覚の問題を通して、はじめて見えてくる事柄だったのです。

単なる表象は、単一の感覚活動によっても生じさせることができます。しかし判断になりますと、単一の感覚だけでなく、そこに他の感覚が同時に協働して、共感覚になったときはじめて可能になります。存在の承認と否認、自分自身との関係のあるなしは、人間が諸感覚を協働させて、あるものに向きあったときにはじめて、問題になりうるのです。

そこでシュタイナーは、この表象と判断との関係が、今いいましたイマギナツィオンの場合に、非常に重要な意味をもってくることに注目しました。

これも前章で述べたことですが、シュタイナーによれば、体的、魂的な存在としての人間、いいかえると、時間と空間のなかに生きている人間は、身体という鏡に映して、自分の意識を目覚めさせています。人間にこの身体の鏡がなかったら、自分の魂は見えません。ところが身体、もしくは脳細胞という鏡は、どこまでも鏡ですから、鏡のなかに映っている像が現実そのものではないように、脳細胞が魂という実体を生み出しているのではなく、脳細胞はどこまでも魂の存在を映し出している単なる鏡にすぎません。しかし鏡がこわれていたら、像がゆがんでしまうように、脳細胞が十分に機能しなかったら、人間の魂も十分に意識化されません。

ユングの能動的構想力

マルクス主義の反映理論は、外なる現実世界が脳細胞に映し出されて、意識化されるわけですから、脳細胞がなくても、現実世界は存在する、と考えて、魂そのものが現実世界のほかに存在しているとはまったく考えません。

しかし、シュタイナーのいう反映理論は、そうではなく、魂の現実を映し出すのが脳細胞だ、という考えでした。そして脳細胞という鏡に映し出されているかぎりの人間の魂は、表象(または思考)、感情、意志という三つのはたらきから成り立っています。そして表象、感情、意志のうち、肉体を背負った私たちにとっては、表象がもっとも意識にとって明るいはたらきです。感情になりますと、かなり混沌《こんとん》とした薄明りであり、意志は意識にとってはまったくの闇《やみ》です。私たちは意志を意識化できずに暮らしています。

今私が筆をとって紙に文字を書いているとしますと、その自分の行為を表象することはできます。しかし手を動かすための力がどのように生じるのか、筋肉を動かすために、どのように神経組織に刺激を与えるのか、ということはまったく意識化されません。表象のなかに意志の現れを見ることはできても、意志そのものと身体との直接的な関係は、まったく闇の状態に置かれているのです。ですから「盲目の意志」なのです。

今、いちばん明るい表象を、先ほど述べたような、いままで日常生活のなかで体験したことのないような方向ではたらかせ、そこにまったく新しい内容を盛りこむと、その表象は今までとは違ったしかたで、自分の存在に作用します。そして、感情と意志に今までと違った刺激を与えるのです。その結果、日常的な魂全体のあり方が、微妙に変化していくのです。

今までと違った表象のそのはたらきは、単なる表象ではなく、ある種のエネルギーをもってはたらくので、ユングはそれを能動的構想力と呼びました。ユングはそのことを良く知っていたようです。

そのエネルギーとは、判断と愛憎の力のことなのです。つまりその人の時間世界から、過去と未来から来るエネルギーなのです。ですから一つひとつのイメージに、とても強い作用力があって、ちょうど夢のなかに出てきた姿を絵に描いたときのようなのです。その絵を見ると、他の人が見たらつまらない絵であっても、なにか非常に強烈に訴えかけてくる内容を秘めているのです。

「エーテル体」の体験

ヘルマン・ヘッセの『デーミアン』のなかに、そういう絵のことが出てきます。卵の殻を破り、外へ向かって飛翔《ひしょう》しようとする鳥のイメージだとか、男と女、母親と娼《しょう》婦《ふ》をかねているような女性の姿だとか、そういうイメージが出てきます。そういうものは、いわば普通の表象とは違って、感情のエネルギーを内に秘めている、新しい表象なのです。ゲーテがそれを「象徴」と呼んだことは、第五章でくわしく述べました。

そういう表象もしくは象徴が出てきたとき、シュタイナーはそれを「エーテル体」の体験である、というのです。

普通、エーテル体とは、人間の肉体とほとんど一つになっていますから、エーテル体だけを体験することはできません。そして無理にそれを体験しようとすると、知らず知らず物質的、肉体的な次元でそれを体験しようとしてしまいます。

たとえば、手を触れずに物体を動かしたり、物体の性質に変化を与えたりする、未知なる力としてとらえたエーテル体のはたらきは、感覚的に、物質的な次元でとらえていますから、物質に対するのとまったく同じで、なんら精神的、霊的なニュアンスを伴ってはいません。

しかし、ユングが能動的構想力といい、シュタイナーがイマギナツィオンというときのエーテル体は、むしろエーテル体による表象と思考のことなのです。エーテル体そのものではなく、エーテル体がもっている表象能力をいうのです。

このエーテル的表象は、エーテル体に外から刺激を与えることによっても生じさせることができます。たとえばドラッグや催眠術などを用いる場合がそれにあてはまりますが、そうすると、それはふたたび受動的な状態でイマギナツィオンを体験することになってしまいますから、シュタイナーの立場からいうと、それでは判断の行為にならないのです。

また、日常生活での肉体とエーテル体は一つに結びついているので、エーテル体固有の表象体験をもてないのが普通ですが、戦場で突撃命令が下り、突撃ラッパとともに銃をとって敵陣に乗り込む瞬間、突然自分のまえに、過去のイメージが映像のように現れてくる、という話をよく聞いたことがありました。それもエーテル体の体験です。エーテル体の体験は、二次元的で、ヴィジョンのかたちをとって、そして非常に強烈に現れます。

それから、事故やなにかで瞬間的に気を失ったようなときにも、一種の脱魂状態になって、エーテル体のイメージを体験することがあります。そういうときには、日常的な時間の流れでの数秒間に、打ち上げ花火のように、非常に豊富なイメージを体験したりします。

エーテル体による表象体験と肉体による表象体験とはまったく違うのです。夢の体験もエーテル体的な体験に属します。

夢とイマギナツィオン

ここで夢についても簡単に触れておきますと、シュタイナーにかぎらず、一般にオカルティズムにとって、夢は、あらゆる日常体験のなかでもっとも興味ある体験であるといえます。

夢に対して意識的であろうとすることは、すでにオカルト的な生活に入ることなのです。ただ夢の場合に大事なのは、個々の内容にあまりこだわらないことです。たとえば、ある人は山登りの夢を見、別な人は海の夢を見るとします。山と海では大違いだから、異なる解釈をしなければならない、と考える必要はないのです。山登りの夢を見るとします。はじめは登山口から楽な道を歩いていたのですが、あっというまにロッククライミングの場面になります。そして頂上が見え、もうすぐに頂上に到達すると思ったときに、大きな岩が急に眼の前にのしかかってきて、身動きがとれなくなります。降りることもできないし、登ることも不可能なのです。そういう状態で目を覚ましたとします。

別な場合は、波の穏やかな海岸に出て、友達とボートを漕《こ》ぎ出します。すると、とたんに沖に出てしまい、ふりかえると、遠くの方にかすかに海岸が見えます。ずいぶん遠くまで来たなと思ったときに、突然沖の方からすごい津波がこちらへ向って押し寄せてくるのが見え、どうしよう、と思ったときに目が覚めるのです。

一方は山で、もう一方は海なのですが、両方とも出発点は良かったのに、最後はカタストロフで終わります。そうすると、エーテル体の体験としては、二つの夢はまったく同じことを語っているのです。その意味では、大事なのはドラマ的な性格であって、個々のイメージではありません。

けれども例外的には個々の情景、個々のイメージが大切な場合もあります。それはドラマ性が特定のイメージに凝縮しているような場合です。

たとえていえば、単なる静物画なのに、ゴッホやセザンヌの描く草花に、深い意味が籠《こ》められているようにです。いわゆる「マンダラ」にも同じことがいえます。

しかしいずれにしても、そういう強烈な夢も象徴なのですから、非常に深く感情にはたらきかけてきます。同じように、イマギナツィオンもそういう性格をもっています。それは自分の過去の人生のパノラマだということもできます。それが人生全体のパノラマである場合もあるし、大切な人生の一コマである場合もありますが、イマギナツィオンによって体験されるものは、時間の空間化、自分の内なる世界の象徴化なのです。ですから、この場合の表象は、もはや判断とも愛憎とも切り離せない、深い多層構造をもっているのです。

インスピラツィオンとはなにか

しかしインスピラツィオンには、それとは別の意味が込められています。シュタイナーによれば、イマギナツィオンによる表象体験が新しい哲学の基礎にならなければならないのですが、インスピラツィオンには、そのためのさらに重要な内容が込められています。

イマギナツィオンの体験内容は、その体験者にとって、つねに、非常な愛着を感じさせます。それはつねに大きな体験であり、喜びであり、苦しみでもあります。それはなにか自分の運命との深い結びつきを感じさせ、そこに生きることは、第二の現実を生きることのように思えます。ちょうどつらい環境の人が、超現実的なまでに美しい夢を見るように、または、いやな社会環境のなかにいても、自分の部屋に戻ってくれば、そこで好きな絵を描き、好きな詩を作り、自由に日記を書くことができるように、自分にイマギナツィオンの世界があれば、それを第二の、より美しい現実として生きることができるのです。しかしインスピラツィオンを可能にするためには、イマギナツィオンの世界を自分ですべて消し去らなければなりません。

魂のなかの生きいきとした内部空間を、完全に無の状態にするのです。まったくの無でありながら、しかも非常に目覚めて、しかも生きいきと感じられる意識空間を自分の内部に作るのです。その困難な内的作業の果てに、その無の状態のなかに霊的な客観世界からの啓示が与えられるのです。それをシュタイナーはインスピラツィオンと名づけました。

先ほど宇宙論といいましたのは、そのことです。イマギナツィオンは、自分自身についての内的な体験だったのですが、インスピラツィオンは、客観的な、霊的世界の内容を示しているのです。

シュタイナーは、インスピラツィオンの世界を響きと光と色から成り立っている、と述べています。自分の空虚な意識のなかに、外から光や色や響きが流れこんでくるのです。

その響きや色は、今まで私たちが日常生活のなかで受けとっていたのとはまったく違った、異質のものでありながら、しかも光や色や音としてしか表現できないような、そういう体験内容です。

昔からそれを体験させるのに、秘儀という伝統がありました。冒頭に紹介した、ヘーゲルの詩「エレウシス」はそれを讃美《さんび》しているのです。秘儀に参入しようとする人は、はじめのあいだ、道徳的に非常に厳しい生活を要求されました。そして道徳的にその人間がふさわしいと認められたとき、イマギナツィオン、インスピラツィオンの体験が許されました。

シュタイナーは古代から、その方法は主として、恐怖の体験とドラッグ体験を基本にしている、と考えています。

日本の代表的な秘儀の伝統をもつ修験道《しゅげんどう》でも、深い山のなかで、生と死の境に立つような体験をさせて、エーテル体を肉体から分離させ、脱魂状態をよび起こさせます。そしていわば、分離したエーテル体を鏡にして、そこに宇宙の霊的ないとなみを反映させるのです。

シュタイナーはそれを能動的なしかたで体験しようとしました。どうしてかというと、ドイツ観念論哲学のところで取りあげましたように、人間の自我が現代という時代の課題に応《こた》えるためには、認識において受動的な態度をとらず、能動的な態度に徹しなければならないからです。そういう態度を新しい哲学を通して確保すること、それが現代の文明社会を生きる人間の意識を、真に時代の進むべき方向にふさわしく変革する前提になる、と考えたのです。ですから超感覚的世界があるかないかを明らかにするために、そういう体験をするのではないのです。

イントゥイツィオンとはなにか

最後にイントゥイツィオンについてなのですが、シュタイナーは、イントゥイツィオンとは真の自我を体験することだ、と語っています。

ちょうどフィヒテが思考を通して、個的自我と宇宙自我との同一性を体験したように、超感覚的な知覚と表象を通して、個的自我と宇宙自我との同一性を体験するとき、それをイントゥイツィオンとシュタイナーはよんだのです。

そのときはじめて、能動的な態度をとる個的自我が自分の魂の根底に存する、宇宙叡智の秘密の主体である宇宙自我と出会うのです。

現代の自然科学は観察と実験を通して、数量的法則性の上に、宇宙の実体を解明しようとしますが、そのような自然科学的宇宙論では、宇宙自我の秘密に触れることはできません。究極的にはエントロピーの法則で説明できるような、まったく魂の暖かみや愛の欠けた宇宙像しか得られません。自然科学的な因果律にしたがった生成と発展と死滅だけしか、その宇宙論からは出てこないのです。イントゥイツィオンというのは、そういう世界とはまったく異質の、自我が自分のなかだけでなく、外なる宇宙にもあるということの体験なのです。

いい換えると、自分よりももっとはるかに高次の存在が宇宙の主体として、過去も現在も、天地創造のためにはたらいているが、そういう高次の存在のなかにも、自分と同じ自我がある。そしてその自我を実感できるときにはじめて、宇宙の意味と目的が痛切に体験できる。そのような宇宙的な自我との出会いをイントゥイツィオンというのです。

シュタイナー哲学の新しさ

以上に述べたことは、シュタイナー哲学という大建造物がどういう支柱に支えられているか、ということでした。従来の哲学は、ハイデッガーやメルロ＝ポンティやサルトルのような、みずからの立場の前提を特に重要視する実存哲学者においてさえも、問題意識への反省はあっても、意識そのものを変革する際には、ラディカルな態度をとりませんでした。けっきょくは、日常生活の延長上で生じる疎外感や孤独を否定的に取りあげるか、または認識ではなく、信仰による救済へ向かいました。

ところがシュタイナーは、私たちの思考と感情と意志、あるいは表象と判断と愛憎、あるいは理性と感性、そういう認識を可能にする魂のはたらきそのものを、新しい時代にふさわしいものにするために、どう変革すべきなのか、を問題にしたのです。そしてそれによって可能となった新しい体験内容、思考内容をもとに、新しい神秘学的哲学である「人智学」を構築したのです。

したがってシュタイナー哲学の具体的な内容は前代未聞の新しさをもっています。

たとえば自分と違う霊的存在者と自我との出会い、意識の進化の過程、生と死、覚醒《かくせい》と睡眠、民族精神と時代精神、悪の両極性とその中央に位置する自我のあり方、それらの問題がイマギナツィオン、インスピラツィオン、イントゥイツィオンの観点から、認識の問題として哲学的に――ということは初めの前提から一貫して、現代人の知性によってもその過程が辿れるように――論理化して考察されているのです。

自己体験としてのシュタイナー哲学

シュタイナーの生きた時代には、そのような哲学的考察は学問的ではなく、むしろ一種の自己暗示ではないのか、と批判されましたが、それに対してシュタイナーは、面白いことをいっています。

自己暗示というのはなにかを考えてみると、たとえばコーヒーの好きな人が、毎日コーヒーを飲んでいるとします。そうすると、毎日コーヒーを飲んでいることが自己暗示になって、コーヒーがないときにも、コーヒーのことを思い出すだけで、口のなかにコーヒーが湧いてくる、という体験をしたとすれば、それは確かに自己暗示だ。しかしそれによって、いったい本当にのどをうるおすことができたかどうかを、どのようにして判断するのか。

同様の意味で、新しい修行を毎日積み、それによってイメージが体験されたときのそのイメージを自己暗示だというとき、それは毎日コーヒーを飲んでいる人が、コーヒーを飲まないで、心のなかでコーヒーのことを考えただけで、口のなかに本当のコーヒーがあふれ出てくるときも、それを自己暗示だというのと同じである。

ここでシュタイナーがいおうとしているのは、実際のコーヒーを毎日飲むことによって生じた肉体のありようのことです。コーヒーを飲まないのに、その欲求が癒されるかどうかを外からきめつけることではないのです。いいかえると、毎日、日常経験できないイメージを集中して心のなかに作り出すのは、一つの新しい体験をもつことです。その新しい体験をもつことで現れる内的な世界は、どこまでも客観的な世界であって、それが客観的な世界であるという実感は、コーヒーを毎日飲んでいる人が実際にコーヒーを飲んでいるときの実感と同じなのです。それは感覚的に、十二感覚的に、疑う余地のないことなのです。

ところが、そういう体験を自分ではもつことなしに、ただ外から見て、それを自己暗示だということは、コーヒーを飲んだことのない人が、毎日コーヒーを飲んでいる人に対して、実際にコーヒーがないときでも、思い出せば、それによってかわきが癒されるだろう、しかしそんなことは空想にすぎない、と外からいうのと同じことなのです。

要するに、単なる表象と判断の違いに関しては、実際にそれがあるかないかを当の人間が自分で判断できなければ、なにもいえないのに、それを実際に体験しようとしない人が、自己暗示だ、自己暗示でない、と論争したところで、なんの意味もない。実際に自分自身でその体験が、どういうものかを知ること以外に、それを論じる方法はない、というのです。

最後に

さて、ここまでデカルトからシュタイナーにいたる近代哲学の諸問題を辿ってきましたが、あらためてそのプロセスをふりかえってみますと、まるで近代思想史の流れの地下を、別の潮流が流れているような感じがします。意識的にせよ、無意識的にせよ、ほとんどすべての哲学者の魂の奥深くに、共通した衝動がはたらいていました。その衝動は、ひと口でいえば、「自己意識的な自我」のなかには、つまり自分を自分のなかに定立した近代的自我の「自分」のなかには、外なる宇宙のなかにこめられた叡智の内実がすべて含まれているのではないか、という予感です。みずからの内なるこの予感に対して、哲学者が否定的、反抗的な態度を、ときには憎悪さえも抱いたとしても、この予感はすべての近代人にとって、無縁ではありえないと思うのです。そしてこの感情と真正面から取り組むことが、「近代」もしくは「現代」の本来の霊的な課題なのではないかと思うのです。

たとえば、ここでは取りあげる余裕のなかったニーチェ、ヤスパース、ハイデッガーのような実存主義の立場はもちろんのこと、ディルタイ、ヘルマン・ノール、ロータッカー、シュプランガーのような、いわゆる「了解心理学」の立場(つまり思想を平面的にとらえるのではなく、重層的な構造としてとらえ、その構造の分析を、――研究者と対象である思想の間を内的に結びつける「了解」を手がかりにして――おこなおうとする立場)にも、ヴィンデルバント、リッケルト、カッシラーなどの精神科学の立場(つまり自然科学に見出せない個別的な価値を人間の文化的営為のなかに認め、それを体系化する立場)にも、そのような予感が感知できるのです。

数十億年に及ぶ、太古からの宇宙進化のプロセスのなかで積みあげてきた一切の叡智が、重力や熱力学の法則をはじめとする、自然科学上の一切の法則をも含めて、人間の「自己意識的な自我」のなかに組み込まれているということ、そのことがそもそも「人間」存在の宇宙的意味であること、人間一人ひとりは、それにもかかわらず、まだそのことを思い出せずにいるということ、このことがシュタイナー哲学の出発点であったことは、これまでの本書の叙述のなかで、理解していただけたと思います。

シュタイナーは、人間という存在の不思議さについて、いろいろと語っていましたが、特に人間自我のなかに一切の宇宙叡智が込められており、もし人間が、思い出す行為を通して、少しずつでもそれを意識化することができたら、その意識化された叡智の部分は、これまでのように物質のなかに組み込まれていたときとはまったく異なるあり方をするようになるということに、人びとの注意をうながしました。叡智が内面化されるというのです。そしてその内面化された叡智は、人間自我のなかで、「愛の衝動」となって甦るのだというのです。宇宙叡智は個人の自我のなかで、愛にまでメタモルフォーゼを遂げるというのです。このことをシュタイナーは、もっとも重要な人間認識の観点と考えていました。

なぜそのような観点が可能なのかといいますと、人間一人ひとりが自分のなかの叡智の可能性を現実のものにするためには、周囲のさまざまな存在と出会い、その存在のなかに自分自身を見出だそうとせざるをえないからです。他者への絶対的ともいえる深い関心、帰依の体験のなかに、シュタイナーは愛の衝動を見ていました。そしてそれを、「キリスト衝動」とも呼びました。

シュタイナー哲学について語るには、まだいい残したことがいろいろありますが、しかし叡智から愛へのメタモルフォーゼの中心に人間自我が立っている、という観点を語ったことで、本書の目的が果たせたのではないか、と思います。もしもここであらためて、ではそのような「人間自我」とはなにか、と問う人がいるとすれば、それこそが本書の冒頭からのテーマである、と答えるしかありません。ですからここで、私たちのテーマは、ふたたび冒頭に戻るのです。

このことを結論として、この『シュタイナー哲学入門』の話を終わろうと思います。

あとがき

本書は、デカルトからシュタイナーに至る近代思想史の諸問題を辿るかたちをとっていますが、そうすることで、シュタイナーの哲学を哲学史のなかに正しく位置づけようとしたのではありません。本書の意図したことはそれとはまったく逆で、シュタイナーの思想を学ぶことによって、近代における精神のいとなみがどのように見えてくるかを、著者自身の体験をふまえて、語ろうとしたのです。ですから従来の哲学史、思想史、文学史のなかで述べられているのとはかなり異なる観点が提示できたのではないかと勝手に思っております。特にシュタイナーの眼を通して、ここで取りあげた思想家たちの魂の奥深くにはたらいている衝動に光を当てることができたら、と願って筆をとりました。

もう一つ、ドイツ観念論といわゆるゲーテ的直観をめぐる、十九世紀ドイツの、あのドラマティックな意識変革のプロセスを、できるだけ自分の言葉にひきよせて、生きいきと描き出したいと思いました。このような著者の意図がどこまで達成できたかわかりませんが、本書のテーマを自分のテーマと感じていただければ、これほどうれしいことはありません。

なお本書の骨子になる部分は、一九八〇年、新宿の朝日カルチャーセンターでおこなった講義内容を元にしました。当時テープから原稿におこして下さった、輿石祥三さん、麗さんにあらためてお礼を申し上げます。また、今回もいろいろと御配慮下さった角川書店編集部の皆さん、ありがとうございました。

高橋　巖

一九九一年四月十日　町田にて

岩波現代文庫版あとがき

一九九一年に本書の初版が出てから、今はもう二十四年が経過しています。この約四半世紀の間、時代の流れはずいぶん変わりました。ソビエト連邦の崩壊とともに、マルクス主義の権威も劇的にゆらぎ、その十年後の二〇〇一年のニューヨークでの同時多発テロ以降は、第三次世界大戦へ向って極端な民族対立の時代に突入しています。技術と産業と営利主義が時代を支配するようになったら、地球そのものの破滅をふせぐ手立ては存在しなくなる、とシュタイナーが百年前の第一次世界大戦中に繰り返して警告していましたが、今はそういうぎりぎりの時代の真っ只中にいるようです。

そういう特に「フクシマ以後」の重い時代の中で、今あらためて本書を通読しての第一印象は、変ないいぐさですが、よくもここまで書いてくれた、今の自分にはとても書けそうにない、ということでした。子どもの頃からの思いが、ヘルマン・ヘッセの『デミアン』と出会うことで、やっと具体的な対象となって見えてきたこと、そこからドイツ・ロマン主義に導かれ、大学の西洋史科でノヴァーリスを研究対象にし、念願かなってドイツで十九世紀ドイツの精神史、芸術史を学ぶ中で、やっとルドルフ・シュタイナーに出会えたこと、そんなことの凡てがこの本の中に込められている、という印象でした。

でもそれからの四半世紀、自分の中で何かが変化したのか、とあらためて自分に問いかけてみたら、いい意味での変化は特に見当りませんでした。でも唯一つ、今の自分の心象風景がニーチェの『ツァラトゥストラ』第四部の風景とつながって見えてきました。第四部でのツァラトゥストラは、すでに髪の毛はまっ白になっていましたが、人と会うのが好きで、元気に山を登ったり下りたりしています。けれども或る時、道ばたにうずくまった「最も醜い人」に出会います。そうするとツァラトゥストラは、白髪の根もとが染まるほどに顔を赤らめ、はげしい羞恥心に襲われるのです。今、自分の中に、この時のツァラトゥストラに心を惹かれる自分がいる、と思えることが、ひとつの変化のしるしかも知れません。厖大な史料を用いた精密な論証という、科学的、批判的な研究方法から、この羞恥心への憧れが、意図して自分を引き離しているみたいです。学問的論証に否定的な態度をとるつもりはまったくありませんが、私の中では、どこかで研究の客観性が社会的な権力と、つまり技術と産業と営利主義の三位一体と親和しているのです。

なお著者は本書の立場を、主としてシュタイナーの三つの哲学書、『自由の哲学』(一八九四年)、『哲学の謎』(一九一四年)、『人間の謎について』(一九一六年)から学びました。最後の一冊だけは、まだ日本で出ていないので、はやく日本語でも読んでいただけるようにしたいと思っております。

最後になりましたが、若松英輔さんから、心のこもった、身にあまる解説をいただき、大変励まされております。特に近代日本の「語られざる哲学の歴史」との関連を指摘していただいたことで、「叡智の学」をこれからも目ざしていきたい、とあらためて思いました。大変な御多忙の中でこのような解説を書いて下さった若松英輔さん、それから大恩のある岩波書店からこの新版を出すように、いろいろ配慮して下さった岩波書店編集局の鈴木康之さん、本当にありがとうございます。

二〇一五年五月一〇日　町田にて

高橋　巖

解説　叡智の学としてのシュタイナー哲学

若松英輔

優れた著作は初め衝撃をもたらすが、時間を経たのちは静謐なる思索を求める。本書はその典型的な一冊である。

最初に刊行されたのは一九九一年で、発刊後ほどないときに手にしたのを覚えている。その後、何度か読み返してきたが、今回再読して、論じられている問題を再考することの意味がいっそう強く感じられた。それればかりか二十余年の歳月を経て、喫緊の問題になっていることに気が付かされた。

いつからか日本において「哲学」は、先行する哲学者の研究か、あるいは皮相な人生論の繰り返しになっていった。前者の領域においては多くを知ることが尊ばれ、後者では安易なことがよしとされている。双方において情報への接し方が問題とされるのだが、哲学とは何かはほとんど問われなくなっている。本書は、その真逆の道を行く。私たちが日々を生きている日常から離れず、しかし、哲学とは何であるか、哲学の本義とは何かを読み手に呼びかけながら見出そうとする。

本書は優れたシュタイナー哲学の入門であると同時に、これまで語られることのなかった地下水脈としての近代ヨーロッパ精神史の内奥を開示しつつ哲学と神秘学の融合の可能性を見出そうとする試みである。その列は、デカルトに始まり、カント、ヘーゲル、フィヒテ、シェリング、ゲーテ、ブレンターノ、シュタイナーに至る。ここに筆者はベルクソンを加えようとしている。

だが、ここに述べたことだけでは現代日本に生きる私たちが改めて読む理由には充分ではないかもしれない。先に名前を挙げたヨーロッパ哲学者たちの言葉は、近代日本哲学の樹立に大きく痕跡を残している。その言葉は、西田幾多郎とその血脈を継いだ者たちによって、あるいは、大川周明や小林秀雄といった哲学史にはあまり登場しない人物によって血肉化されてきた。本書は、ヨーロッパ哲学の秘史であるだけではない。私たち日本人の語られざる哲学の歴史でもある。

著者は、ルドルフ・シュタイナー研究、翻訳の第一人者である。現代の多くの「哲学者」は哲学研究者だが、著者は違う。彼はその出発から優れた思想家だった。本書で著者は、ほとんど「私」を語ることはないが、そうした筆致のゆえにこそ、読む者の胸には著者の境涯がまざまざと感じられる。本書は優れた思想書であると同時に著者自身の精神的自叙伝として読むこともできる。

自伝を読む楽しみは他者の生涯を知ることにだけあるのではない。そこに私たちは自分では気が付かない、秘められた自身の生涯を見出す。本書も例外ではない。読者は、凝視しているのが他者の道程であるだけでなく、自己もまた連なる歴史であることに気が付くだろう。

この本はけっして難解ではない。急いで読むことさえしなければよい。だが、幾つかの言葉にふれるとき、読者はこれまでの「定義」から離れることを求められる。たとえば「神秘学」はその一つであり、「オカルト」「闇」「悪魔」「霊」といった表現が挙げられる。「自我」「自由」「自然」「目的」「判断」「能動」といった表現も従来の意味とは異なる位相によって語られる。

近代において哲学は、真理にふれようとする営みではなく、世界について知ることに堕していった。ルドルフ・シュタイナー、あるいは彼の先行者たちは、それぞれの生涯を賭して、哲学をその本来の姿に立ち帰らせようとした。そのために彼が最初に行ったのが神秘学の開示、すなわち「オカルティズム」「霊学」の実践だった。

「オカルト」、この一語ほど原意から遠ざかり、濫用された言葉はない。「オカルト」

とはもともとラテン語のocculta に由来し、「隠されたもの」を意味する言葉に由来する。そこには、今日でいうオカルト映画から類推されるような現象はふくまれない。むしろ、そうした表層的な現象に重きを置く世界観を強く拒むのが「オカルト」の原義なのである。

「オカルト」とは人間が自己の無知を深く認識したときに顕現するものを意味する。本書ではふれられていないが空海はそれを「深秘《じんぴ》」といった。世界はすべて、理性の働きによって知られ得るという認識を離れたときに出現する存在の深秘である。

「悪魔」や「闇」は、人間を奈落に陥れるだけでなく、「神」と「光」への契機にもなることが語られる。「悪魔」はあるとき、「魔王」と言い換えられる。釈迦(シャーキャムーニ)の誕生にふれ、魔王マーラの存在が不可欠だったことが述べられる。魔王の存在は、人間に恐怖を強いるだけでなく、それを超克する者の到来を告げていることを忘れてはならないというのである。

「霊」とは、いわゆる心霊写真というときの「霊」とはまったく関係がない。むしろ、著者が考える「霊学」は、こうした心霊現象に堕することを強く拒む。「霊」は「叡智」の異名である。霊学とは叡智の学にほかならない。本書を読みながら、西田幾多郎の一節が想い出された。

自己が一旦極度の不幸にでも陥った場合、自己の心の奥底から、いわゆる宗教心なるものの湧き上がるのを感ぜないものはないであろう。宗教は心霊上の事実である。哲学者が自己の体系の上から宗教を捏造すべきではない。哲学者はこの心霊上の事実を説明せなければならない。それには、先ず自己に、或程度にまで宗教心というものを理解していなければならない。

この一節は西田幾多郎の絶筆にある。一九四五年に彼は亡くなり、この一節を含む「場所的論理と宗教的世界観」が発表されたのは彼の没後である。この七十年の間に私たちは「霊」あるいは「心霊」だけではなく、世界の深みを語るいくつもの言葉を失った。言葉は叡智の顕われである。著者は、言葉の原義に立ち帰ることで分断された叡智との関係をよみがえらせようとする。

読者はこうした言葉を前にしたときに内心に生まれる違和感を見過してはならない。違和は「異和」と表現した方がよいかもしれない。違和は、表層意識における齟齬だが、「異和」は、次元的差異を示す言葉だからだ。著者は、先にあげたような言葉を用いることが巻き起こす誤解があることを承知している。それでもなお、こうした言葉を発し続ける。

さらに著者は違和の奥に潜む異和の世界に読者を招こうとしている。畏怖を喚起する言葉に出会ったとき、読み手の内で精神の扉が破け、魂の、さらにはその奥に「霊」の世界が開かれることを著者は願っている。むしろ、本書を読むとは既成の概念からひとたび離れ、未知の世界へと進み、新たに思索する経験だといってよい。

さらに著者はこうした異和を惹き起こす言葉をあえて厳密に定義することをしない。むしろ、読み手それぞれが自らの思考によって、異和を感じる言葉に意味を付与していくこと、それが、本書を通じて著者が、読み手と分かち合おうとする経験なのである。たとえば「神秘学」をめぐって著者は「世界並びに人間の問題をその存在の根底までつき進んで把握しようとする要求がある場合には、認識の限界はどこにも存在しない、という立場」に立つことだという。著者にとって書くとは、単に自身の思想を伝達することではなく、読み手と共に行う協同の営みである。

本書に限らない。書くことあるいは話すことを通じて著者は、一貫して読者を概念の向こう側、実在の世界へと誘おうとする。実在にふれるために必要なのは情報ではない。出来事であると著者は考える。生きるという出来事を通じてしか顕われてこない働きを彼は「叡智」と呼ぶ。

叡智を今によみがえらせること、それが本書で論じられる近代西洋の哲学者たちの悲願だった。著者はこうした哲学者たちの言葉にふれるとき、いつも哲学者個人を超えるもう一つの主体を感じている。「ドミナンテ」と呼ばれるその働きを著者は「叡智的作用力」あるいは「霊的衝動」と訳している。

哲学も神秘学も、叡智の学をそれぞれの視座から見たときの呼称である。著者は、本書で論じる哲学者たちを今日でいう知識人だとは考えていない。むしろ、姿を変えた革命家だと考えている。フランス革命以降、政治家たちが行った革命よりも深いところで、しかし静かに行われる叡智の変革の実践者だと考えている。本書は著者がいう「霊」の革命家たちによって紡がれた「もう一つの近代思想史」なのである。フィヒテの境涯にふれ著者は次のように書いている。

> つまり人類が進歩発展するプロセスのなかに、霊的な力がはっきりと顕現しているので、哲学者はそのような人間一人ひとりの内なる魂の進歩発展の原動力の奥深くにまで認識の眼を向け、魂の根源を認識の光で照らし出さなければならない、それが哲学者のもっとも大事な課題なのだ、といいたいのです。

著者は歴史に華々しく登場した先にあげたような人物だけでなく、根のように見えないところで彼らを支えた一群の知られざる賢者の軌跡からも目を離さない。彼らは大哲学者と同時代に生きながら、異なる道を進んだ。多くの人に知られるよりも、何ものかに託された言葉をしっかりと世に刻むように生きた。

歴史は天才によって変革される。だが、歴史は隠れた知者たちによって次の時代へと架橋される。著者にとってブレンターノはそうした人物の典型だった。彼のもとにフッサールが学び、現象学が生まれ、サルトル、メルロ＝ポンティが生まれた。エッカーマンの『ゲーテとの対話』あるいは、イマヌエル・ヘルマン・フィヒテが書いた父の伝記『フィヒテの生涯』も架橋する精神によって編まれた作品だった。イマヌエル・ヘルマン・フィヒテは優れた著述家だっただけでなく、無意識界の探究者でもあった。著者は、本書でユングがのちにこの人物の業績を知り、強く動かされたことにも言及している。

こうした眼は日本精神史を見るときも生きている。第四章では仏教学者渡辺照宏がヘーゲルの言葉によって日本仏教を語る姿が描き出され、また、この人物がシュタイナーに深い関心をもっていたことが語られる。この指摘だけでも近代日本精神史の重要な一頁が刷新されるに充分なことだろう。
「魂について語ろうとすれば天使の舌が必要になる」とヘーゲルは詩人ヘルダーリンに書き送ったという。人間は天使になることはできない。しかし、叡智を通じて天使に呼びかけることはできる。古くギリシアの時代から叡智の学とは、知識の集積ではなく、人が天使のような形而上の存在と対話する場だった。叡智の道は今も、万人に開かれている。このことを著者は、本書ではもちろん、その生涯を通じて言葉によって語るだけでなく、体現しているのである。

（批評家）

本書は一九九一年五月、角川書店から刊行された。

シュタイナー哲学入門―もう一つの近代思想史

2015年6月16日　第1刷発行
2022年6月15日　第2刷発行

著　者　高《たか》橋《はし》　巖《いわお》

発行者　坂本政謙

発行所　株式会社　岩波書店
〒101-8002 東京都千代田区一ツ橋 2-5-5

案内 03-5210-4000　営業部 03-5210-4111
https://www.iwanami.co.jp/

印刷・精興社　製本・中永製本

ISBN 978-4-00-600328-9　　Printed in Japan

岩波現代文庫創刊二〇年に際して

二一世紀が始まってからすでに二〇年が経とうとしています。この間のグローバル化の急激な進行は世界のあり方を大きく変えました。世界規模で経済や情報の結びつきが強まるとともに、国境を越えた人の移動は日常の光景となり、今やどこに住んでいても、私たちの暮らしは世界中の様々な出来事と無関係ではいられません。しかし、グローバル化の中で否応なくもたらされる「他者」との出会いや交流は、新たな文化や価値観だけではなく、摩擦や衝突、そしてしばしば憎悪までをも生み出しています。グローバル化にともなう副作用は、その恩恵を遥かにこえていると言わざるを得ません。

今私たちに求められているのは、国内、国外にかかわらず、異なる歴史や経験、文化を持つ「他者」と向き合い、よりよい関係を結び直してゆくための想像力、構想力ではないでしょうか。

新世紀の到来を目前にした二〇〇〇年一月に創刊された岩波現代文庫は、この二〇年を通して、哲学や歴史、経済、自然科学から、小説やエッセイ、ルポルタージュにいたるまで幅広いジャンルの書目を刊行してきました。一〇〇〇点を超える書目には、人類が直面してきた様々な課題と、試行錯誤の営みが刻まれています。読書を通した過去の「他者」との出会いから得られる知識や経験は、私たちがよりよい社会を作り上げてゆくために大きな示唆を与えてくれるはずです。

一冊の本が世界を変える大きな力を持つことを信じ、岩波現代文庫はこれからもさらなるラインナップの充実をめざしてゆきます。

（二〇二〇年一月）

岩波現代文庫［学術］

G419
新編 つぶやきの政治思想
李 静和
秘められた悲しみにまなざしを向け、声にならないつぶやきに耳を澄ます。記憶と忘却、証言と沈黙、ともに生きることをめぐるエッセイ集。鵜飼哲・金石範・崎山多美の応答も。

G420-421
ロールズ 政治哲学史講義（Ⅰ・Ⅱ）
ジョン・ロールズ
サミュエル・フリーマン編
齋藤純一ほか訳
ロールズがハーバードで行ってきた「近代政治哲学」講座の講義録。リベラリズムの伝統をつくった八人の理論家について論じる。

G422
企業中心社会を超えて
―現代日本を〈ジェンダー〉で読む―
大沢真理
長時間労働、過労死、福祉の貧困……。大企業中心の社会が作り出す歪みと痛みをジェンダーの視点から捉え直した先駆的著作。

G423
増補「戦争経験」の戦後史
―語られた体験／証言／記憶―
成田龍一
社会状況に応じて変容してゆく戦争についての語り。その変遷を通して、戦後日本社会の特質を浮き彫りにする。〈解説〉平野啓一郎

G424
定本 酒呑童子の誕生
―もうひとつの日本文化―
髙橋昌明
酒呑童子は都に疫病をはやらすケガレた疫鬼だった――緻密な考証と大胆な推論によって物語の成り立ちを解き明かす。〈解説〉永井路子

2022. 6

G425
岡本太郎の見た日本
赤坂憲雄

東北、沖縄、そして韓国へ。旅する太郎が見出した日本とは。その道行きを鮮やかに読み解き、思想家としての本質に迫る。

G426
政治と複数性
―民主的な公共性にむけて―

齋藤純一

「余計者」を見棄てようとする脱‐実在化の暴力に抗し、一人ひとりの現われを保障する。開かれた社会統合の可能性を探究する書。

G427
増補 エル・チチョンの怒り
―メキシコ近代とインディオの村―

清水透

メキシコ南端のインディオの村に生きる人びとにとって、国家とは、近代とは何だったのか。近現代メキシコの激動をマヤの末裔たちの視点に寄り添いながら描き出す。

G428
哲おじさんと学くん
―世の中では隠されているいちばん大切なことについて―

永井均

自分は今、なぜこの世に存在しているのか？友だちや先生にわかってもらえない学くんの疑問に哲おじさんが答え、哲学的議論へと発展していく、対話形式の哲学入門。

G429
マインド・タイム
―脳と意識の時間―

ベンジャミン・リベット
下條信輔
安納令奈 訳

実験に裏づけられた驚愕の発見を提示し、脳と心や意識をめぐる深い洞察を展開する。脳神経科学の歴史に残る研究をまとめた一冊。〈解説〉下條信輔

G430
被差別部落認識の歴史
—異化と同化の間—
黒川みどり

差別する側、差別を受ける側の双方は部落差別をどのように認識してきたのか——明治から現代に至る軌跡をたどった初めての通史。

G431
文化としての科学／技術
村上陽一郎

近現代に大きく変貌した科学／技術。その質的な変遷を科学史の泰斗がわかりやすく解説、望ましい科学研究や教育のあり方を提言する。

G432
方法としての史学史
—歴史論集1—
成田龍一

歴史学は「なにを」「いかに」論じてきたのか。史学史的な視点から、歴史学のアイデンティティを確認し、可能性を問い直す。現代文庫オリジナル版。〈解説〉戸邉秀明

G433
〈戦後知〉を歴史化する
—歴史論集2—
成田龍一

〈戦後知〉を体現する文学・思想の読解を通じて、歴史学を専門知の閉域から解き放つ試み。現代文庫オリジナル版。〈解説〉戸邉秀明

G434
危機の時代の歴史学のために
—歴史論集3—
成田龍一

時代の危機に立ち向かいながら、自己変革を続ける歴史学。その社会との関係を改めて問い直す「歴史批評」を集成する。〈解説〉戸邉秀明

2022. 6

G435
宗教と科学の接点
河合隼雄

「たましい」「死」「意識」など、近代科学から取り残されてきた、人間が生きていくために大切な問題を心理療法の視点から考察する。〈解説〉河合俊雄

G436
増補 軍隊と地域
―郷土部隊と民衆意識のゆくえ―
荒川章二

一八八〇年代から敗戦までの静岡を舞台に、矛盾を孕みつつ地域に根づいていった軍が、民衆生活を破壊するに至る過程を描き出す。

G437
歴史が後ずさりするとき
―熱い戦争とメディア―
ウンベルト・エーコ
リッカルド・アマデイ訳

歴史があたかも進歩をやめて後ずさりしはじめたかに見える二十一世紀初めの政治・社会の現実を鋭く批判した稀代の知識人の発言集。

G438
増補 女が学者になるとき
―インドネシア研究奮闘記―
倉沢愛子

インドネシア研究の第一人者として知られる著者の原点とも言える日々を綴った半生記。「補章 女は学者をやめられない」を収録。

G439
完本 中国再考
―領域・民族・文化―
葛兆光
辻康吾監訳
永田小絵訳

「中国」とは一体何か？ 複雑な歴史がもたらした国家アイデンティティの特殊性と基本構造を考察し、現代の国際問題を考えるための視座を提供する。

岩波現代文庫[学術]

G440
私が進化生物学者になった理由
長谷川眞理子
ドリトル先生の大好きな少女がいかにして進化生物学者になったのか。通説の誤りに気づき、独自の道を切り拓いた人生の歩みを語る。巻末に参考文献一覧付き。

G441
愛について
―アイデンティティと欲望の政治学―
竹村和子
物語を撹乱し、語りえぬものに声を与える。精緻な理論でフェミニズム批評をリードしつづけた著者の代表作、待望の文庫化。〈解説〉新田啓子

G442
宝塚
―変容を続ける「日本モダニズム」―
川崎賢子
百年の歴史を誇る宝塚歌劇団。その魅力を掘り下げ、宝塚の新世紀を展望する。底本を大幅に増補・改訂した宝塚論の決定版。

G443
新版 ナショナリズムの狭間から
―「慰安婦」問題とフェミニズムの課題―
山下英愛
性差別的な社会構造における女性人権問題として、現代の性暴力被害につづく側面を持つ「慰安婦」問題理解の手がかりとなる一冊。

G444
夢・神話・物語と日本人
―エラノス会議講演録―
河合隼雄
河合俊雄訳
河合隼雄が、日本の夢・神話・物語などをもとに日本人の心性を解き明かした講演の記録。著者の代表作に結実する思想のエッセンスが凝縮した一冊。〈解説〉河合俊雄

2022.6

岩波現代文庫［学術］

G445-446
ねじ曲げられた桜（上・下）
―美意識と軍国主義―
大貫恵美子

桜の意味の変遷と学徒特攻隊員の日記分析を通して、日本国家と国民の間に起きた「相互誤認」を証明する。〈解説〉佐藤卓己

G447
正義への責任
アイリス・マリオン・ヤング
岡野八代
池田直子 訳

自助努力が強要される政治の下で、人びとが正義を求めてつながり合う可能性を問う。ヌスバウムによる序文も収録。〈解説〉土屋和代

G448-449
ヨーロッパ覇権以前（上・下）
―もうひとつの世界システム―
J.L.アブー＝ルゴド
佐藤次高ほか訳

近代成立のはるか前、ユーラシア世界は既に一つのシステムをつくりあげていた。豊かな筆致で描き出されるグローバル・ヒストリー。

G450
政治思想史と理論のあいだ
―「他者」をめぐる対話―
小野紀明

政治思想史と政治的規範理論、融合し相克する二者を「他者」を軸に架橋させ、理論の全体像に迫る、政治哲学の画期的な解説書。

2022.6